時間がない!? 消費税インボイス導入へのサクセスロード

～課題の整理とアプローチ～

金子真一 著

税務研究会出版局

はじめに

インボイス制度への対応にそろそろ手をつけないといけないが、何かヒントになるようなものがないだろうか。

そういう方にきっとお役に立てるはずです。

ただでさえ説明が難しい消費税に追加されるインボイス制度。

シンプルに分かりやすく伝えるにはどうすれば良いかを考え抜き、約30年の企業実務家としての知識と経験を基に担当者が突き当たる壁へのアプローチ方法等実務目線の情報を考えられるだけ盛り込みました。

インボイス制度は、個人消費者以外の全ての個人事業者や法人に影響を及ぼすインパクトの大きな税制改正です。このインボイス制度の導入が決まったのが平成28年（2016年）ですが、消費税率の10％引き上げ延長の影響を受け、最終的に令和5年（2023年）まで準備期間として与えられました。でもその期間も残り2年と迫っています。

どうしても足の長い改正対応は後回しになるため、インボイス制度への対応の遅れが目につきます。どうすればこの危機感をお伝えできるのかという思いで様々なアプローチに挑戦してきたところ、株式会社税務研究会の加島太郎氏、中村隆広氏がこの危機感に賛同下さり、書籍化という望外な機会を与えて下さいました。心より感謝申し上げます。また、書籍化に際し様々なアドバイスを下さった編集者の下山瞳氏にも御礼申し上げます。

本書が、皆さんが進むサクセスロードを照らす道標となれば幸いです。

目　次

第Ⅰ編　インボイス制度を知る

第Ⅱ編 インボイス制度導入へのサクセスロード

第Ⅲ編　税務担当者が知っておきたい消費税

第Ⅳ編　消費税の仕入税額控除制度における適格請求書等保存方式に関するＱ＆Ａ

【凡　　例】

平28改正法…… 所得税法等の一部を改正する法律（平成28年法律第15号）
消法…………… 消費税法
新消法………… 令和3年4月1日現在未施行の消費税法
消令…………… 消費税法施行令
消規…………… 消費税法施行規則
消基通………… 消費税法基本通達
通則法………… 国税通則法
電帳法………… 電子計算機を使用して作成する国税関係帳簿書類の保存方法等の特例に関する法律（電子帳簿保存法）
電帳規………… 電子計算機を使用して作成する国税関係帳簿書類の保存方法等の特例に関する法律施行規則
Q&A ………… 消費税の仕入税額控除制度における適格請求書等保存方式に関するQ&A（国税庁）（令和3年7月改訂）

（例）消法9②一イ → 消費税法第9条第2項第1号イ

※　本書の内容は、令和3年4月1日現在の法令通達等をもとに執筆しています。

第Ｉ編

インボイス制度を知る

1　これまでにない新しい制度

1－1　消費税だけのルール

インボイス制度は税金のうち、消費税だけのルールです。

税金といっても、様々な種類があります。

法人の利益に課される法人税、給料等に対して課される所得税、お店で商品を購入する際に課される消費税などのほか、契約書を作成した際の印紙税、お酒やたばこに課される酒税、たばこ税、ゴルフコースでプレーした時のゴルフ場利用税、温泉に入った時の入湯税、ホテルに宿泊した時の宿泊税など現在日本には約50種類の税金があります。

インボイス制度はこういった数ある税金のうち、消費税及び地方消費税（本書では全て「消費税等」と表記します。）に対してのみ適用されるルールであり、仕組みです。法人税や所得税のルールではないので、消費税等以外にはインボイス制度は適用されません。

マメ知識

下の表には、源泉税や社会保険料がありません。

勘違いされやすいのですが、源泉税という税金はありませんし、社会保険料は税金ではありません。

所得税を源泉徴収という方法（給料や報酬を支払う者が国に代わって予め給料等から税金を差し引き、納税する方法）で徴収するため、一般的に源泉税とか源泉所得税と呼ばれています。

また、社会保険料は厚生年金の掛け金と健康保険料、雇用保険などの総称で、納付先も税務署ではなく社会保険事務所や労働基準監督署等になります。

【主な税金の種類】

	国　税	地方税
所得課税	所得税、復興特別所得税 法人税 地方法人税、地方法人特別税 特別法人事業税	住民税 事業税
資産課税等	相続税・贈与税 登録免許税 印紙税	不動産取得税 固定資産税、都市計画税 特別土地保有税 事業所税 水利地益税 共同施設税 宅地開発税 国民健康保険税 法定外普通税、法定外目的税
消費課税	消費税 ←（インボイス制度が対象とする税金） 酒税 たばこ税、たばこ特別税 揮発油税 石油ガス税、石油石炭税 航空機燃料税 電源開発促進税 自動車重量税 国際観光旅客税、 関税、とん税、特別とん税	→ 地方消費税 地方たばこ税 地方揮発油税 軽油引取税 自動車税（環境性能割・種別割） 軽自動車税（環境性能割・種別割） 鉱区税、鉱産税 狩猟税 入湯税、ゴルフ場利用税

（財務省ホームページ／税の種類に関する資料「国税・地方税の税目・内訳」を参考に作成）

1－2　消費税等の税制改正

消費税等の税制改正は、令和元年（2019年）10月に税率が8％から10％に引き上げられ、これで終わった印象がありますが、もう一つ大きな改正が先送りされています。それが適格請求書等保存方式、通称インボイス方式の導入です。

【消費税の改正】

	～2019年9月	2019年10月	2023年10月～
税率	8％	10％	同左
新設	—	軽減税率8％ ・飲食料品（テイクアウト・宅配等を含む） ・新聞（一般社会的事実を掲載する週2日以上発行されるもの（定期購読契約））	同左
帳簿及び請求書等への記載事項	請求書等保存方式	区分記載請求書等保存方式	適格請求書等保存方式（インボイス方式）

消費税は、原則として全ての財貨・サービスについて、取引の各段階で売上課税を行うが、帳簿及び請求書等の記録に基づいて前段階の税額を控除するルールです（国税庁　税大講本「消費税令和3年度版」）。

この「前段階の税額を控除するルール」（詳しくは、**第Ⅲ編3－1**を参照下さい。）の適用を受けるためには、請求書等保存方式や区分記載請求書等保存方式そして適格請求書等保存方式（インボイス方式）の要件をそれぞれ満たす必要があります。そして適格請求書等保存方式（インボイス方式）では、前段階の税額を控除する要件が厳しくなります。

マメ知識

インボイス制度は、平成28年（2016年）度の税制改正で軽減税率の導入と併せて決定されました。平成33年（2021年）4月からの導入予定でしたが、消費税率の10%への引上げの時期がずれたため、令和5年（2023年）10月から施行されることになりました。

当時のマスコミを含む国民の関心は、軽減税率にばかり集中しました。イートイン10%、テイクアウト8%などの分かりにくい部分が注目され、インボイス制度はほとんど取り上げられることはありませんでしたが、このインボイス制度は、消費税の納税義務の有無にかかわらず、全ての事業者に影響が発生する改正です。

1－3 帳簿及び請求書等への記載事項

前段階の税額を控除するルールは、インボイス制度の導入により厳しくなります。

請求書等保存方式	課税仕入れ等の事実を記載した帳簿及び請求書等を7年間保存しなければならない（消法30⑦、消令50①）
区分記載請求書等保存方式	軽減税率制度実施以降、軽減税率の対象品目がある場合、区分記載請求書と区分経理に対応した帳簿の保存が必要。なお、帳簿には軽減税率の対象品目である旨を、請求書等には軽減税率の対象品目である旨と税率ごとに合計した対価の額（税込み）を記載する必要がある（消法30⑧⑨、平28改正法附則34②）
適格請求書等保存方式（インボイス方式）	税務署長の登録を受けた事業者（適格請求書発行事業者）から交付を受けた適格請求書及び帳簿の保存が必要（新消法30）

現在の区分記載請求書等保存方式は、発行者側に制約はなく、請求書等が要件を満たしていない場合でも、受け取った側で加筆することも可能とされています。

この区分記載請求書等保存方式から適格請求書等保存方式（インボイス方式）に移行する際に、いくつかの大きなハードルが設けられました。

- ✓ **適格請求書（インボイス）を発行するためには課税事業者になること**
- ✓ **税務署長に対して登録申請書を提出し、適格請求書発行事業者の番号を取得すること**

✓ **請求書等を消費税法が定める一定要件を満たす様式にすること**

✓ **請求書等を自分で修正することは不可**

請求書等がインボイスでないと「前段階の税額を控除する」ことはできなくなります。その結果、インボイスでない請求書等を受け取った課税事業者は、その控除することができない分を余計に国に消費税として納める必要が発生します。

1－4　インボイス制度導入の狙い〔益税潰し〕

インボイス制度を導入する理由の一つとして、免税事業者が恩恵を受けている消費税の益税を潰すことといわれています。

消費税では、その課税期間に係る基準期間における課税売上高が1,000万円以下の事業者は、消費税の納税義務が免除されます。

この納税義務が免除される事業者を、免税事業者といいます。

免税事業者は名前からすると消費税を払わなくて良い人のように勘違いするかもしれませんが、そうではありません。消費税は個人、法人、地方公共団体などすべての人が物やサービスを費消した際に原則支払います。

ここでいう免税とは、事業者が資産の譲渡又は役務の提供をした際に受け取る消費税を、国に納める義務が免除されているという意味です。

物を仕入れ、それを販売するという簡単な事例で考えてみましょう。

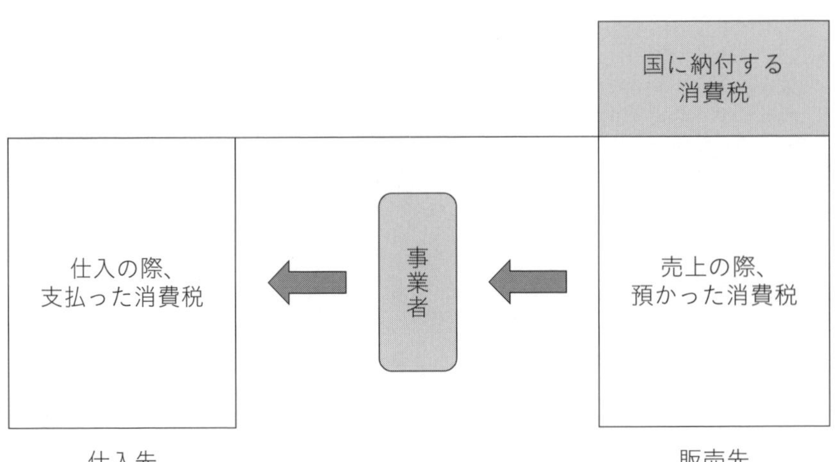

仕入の際、仕入先に対し消費税を支払います。

販売する際、販売先から消費税を預かります。

事業者の手元には、売上の際、預かった消費税（仮受消費税）から仕入の際、支払った消費税（仮払消費税）の差額が残ります。

この差額の消費税を事業者は原則国に納める義務があります。この納める義務がある者を課税事業者、納める義務が免除されている者を免税事業者といいます。

事業者は国の代わりに消費税を預かっているため、預かった消費税を国に納めるのが当たり前だと思われるかもしれませんが、消費税では免税事業者に対して、この差額の消費税を国に納める義務を免除しています。これが益税と呼ばれており、インボイス制度はこの益税を圧縮することが期待されていると言われています。

1－5　インボイス制度導入の狙い〔複数税率化〕

前述のとおり、インボイス制度は益税を潰す狙いがあるほか、複数税率化を想定した体制整備の狙いもあると言われています。

これまで日本の消費税は単一税率（3%⇒5%⇒8%）でした。令和元年（2019年）10月から初めて軽減税率が導入され、複数税率（10%と8%）となりました。この軽減税率は飲食料品と日刊新聞のみで、いわゆる最終消費者に近く、ビジネスにはあまり影響のない分野でしたので、それほど混乱することなく済みました。区分記載請求書等保存方式のルールが緩く、受取り側で分かるように追記することが認められていることも影響していました。

ところが一転して、適格請求書等保存方式（インボイス方式）では厳格なルールが導入されます。

これは将来の消費税率引上げを視野に入れたルールだと考えられます。消費税が充てられる社会保障関連の支出の1/2しか税収がなく、財務省がホームページで消費税の税収が不足していると明言していることからも想像されます。

その場合、一律税率が引き上げると、庶民の生活を圧迫するおそれがあるため、生活必需品などに対して軽減税率を設定することになります。インボイス制度はそうなった際に、税率ごとの管理がきちんとできるよう導入されたルールとも考えられます。

1－6 海外から輸入したルール

アメリカには売上税（Sales Tax)、EUには付加価値税（Value Added Tax。以下「VAT」といいます。）などの制度がありますが、日本の消費税は後者のEUのVATの制度をお手本にしています。今回のインボイス制度もEUのルールを参考にしています。

EUのVATは、日本がお手本とする多段階課税方式となっており、事業者は売上で預かったVATを納める一方、インボイスを税務当局に提示することによって仕入で支払ったVATの還付を受けることができます。その結果、EUではインボイスは税金の還付を受ける重要な書類という位置付けとなり、販売・営業部門や購買・仕入部門にとってもインボイスは重要な課題となっています。

これまでの日本の消費税では、帳簿への記帳義務が中心だったため、請求書等についてはあまり重要視されてきませんでしたが、インボイス制度が導入されるとEUと同様、請求書等が消費税上も重要な書類となります。

一方、日本では消費税は経理部門のタスクと認識されてきました。

預り消費税と支払消費税を相殺し、差額を納税するという事務フロー上、経理部門がその役割を担うケースが多かったためです。

しかし、インボイス制度の導入後は、販売・営業部門や購買・仕入部門にとっても重要な課題になるため、会社全体に意識変革が必要になります。

ちょっと一服

VATの税率はEU内でも国によって異なります。また、し好品に対しては高い税率、日用品は低い税率とする傾向にありますが、このし好品の定義は国によって異なっています。

ドイツのVATは標準税率19%、軽減税率7%です。卵、ソーセージ、パン等の一般的な食品だけでなく、トリュフ、フォアグラ、キャビア等の高級食材も含め、食品として軽減税率です。水道水やペット用のクッキーも軽減税率の7%となっています。

一方、し好品やぜいたく品に対して軽減税率は適用されません。ミネラルウォーターや人間が食べるクッキーはぜいたく品と見なされ19%となります。

フランスのVATは、ほとんどのものに課せられる標準税率が20%、レストラン等一部のサービスが10%、食品、書籍等が5.5%、一部の医薬品が2.1%となっています。

イギリスはEUから離脱しましたが、VATについては、ほとんどのものに課せられる標準税率が20%、家庭用燃料や電力等は軽減税率5%、食料品、新聞、水道水は0%となっています。

もうちょっとだけ一服

アメリカは単段階課税制度の売上税という州税があります。商品やサービスを提供する際、購入者（最終消費者）から売上税を徴収し、州に納付する制度です。税率は0～10%で州によって異なります。

これ以外にも消費税（Excise Tax）という連邦税と州税があり、たばこやアルコールからトレーラー、タイヤといったし好品に分類された物に対して課せられる物品税です。税率はそれぞれの州によって異なります。

日本でも消費税導入前には物品税という税金があり、貴金属や高級酒、そしてカーステレオに至るまで3%から6%程度課税されていました。

コラム 有楽町にある韓国料理ポドは美味しい肉料理をリーズナブルに楽しめるお店。インボイス制度導入担当者となった貴船くんと上司の大鳥課長はランチを堪能中。

貴船くん：なぜインボイス制度なんて面倒なルールを導入するんですかね。

大鳥課長：益税潰しと言われているけど、それ以外にも更なる税率引上げと複数税率化に向けた布石でもあるんじゃないかな。

貴船くん：益税潰しとは何ですか。

大鳥課長：消費税は国の代わりに事業者が受け取り、預かっている。消費税の申告でこれを国に納めるのが課税事業者であり、納める義務が免除されているのが免税事業者。免税事業者は預かった消費税を国に納める必要がないため、これが事業者の利益になっているとして「益税」と呼ばれているんだ。

貴船くん：インボイス制度が入ると免税事業者としてのメリットがある一方で、インボイスが発行できないというデメリットもあるということですね。

大鳥課長：免税事業者はそこを見極めて、どうするか決断する必要があるだろうね。

貴船くん：そんな大変なことが世間ではほとんど話題になっていませんが、影響を受ける人が少ないということなんでしょうか。

大鳥課長：免税事業者だけでなく、免税事業者と取引をする人も影響を受けるはずなので、影響を受ける事業者は相当多いはず。この問題の本質に気付いていない人が多いだけではないかな。

貴船くん：それはマズくないですか？

大鳥課長：令和３年10月からインボイス制度への事業者登録が開始されるから、もう少し周知されるようになるかもしれないね。

2 インボイス制度

2－1 インボイスとは

お店でモノを購入し、お金を払うと渡されるものがレシートです。

これを会社の経費で落とす場合は、レシートの代わりに領収書をもらいます。

書籍などを通販などで購入する場合、書籍と一緒に振込み用紙等が同封されていますが、これらが納品書であり、請求書です。

このような請求書等について、令和5年（2023年）10月から消費税法上、インボイスという括りを設けました。インボイスを一言でいうと、請求書等のうち、消費税法が定める一定の要件を満たすものとなります。

会計と法人税、所得税そして消費税は、これまでほぼ一体で考えられてきました。

財税一致という言葉があるように、法人税や所得税は会計がベースとなっています。一定規模以上の法人における会計が国際会計基準に平仄を合わせた収益認識基準を導入することとなり、法人税法の動向が注目されましたが、平成30年度の税制改正で法人税法第22条の2（税法上の収益認識基準に関する通則）が新設され、会計と法人税におけるそれぞれの収益認識基準については、おおむね平仄が維持されました。一方、消費税法は改正がなく、会計及び法人税と消費税とが泣き別れる取引が生じることとなりました。

そして、今回のインボイス制度により、認識時点だけでなく、請求書等の取扱いについても、会計・法人税・所得税と消費税とが異なる事態になります。

マメ知識

会計の収益認識基準の導入を受けた法人税と消費税の整理について

> 今般の「収益認識に関する会計基準」の導入に伴い、法人税法等の改正が行われたところですが、取引の事例によっては、「収益認識に関する会計基準」に沿って会計処理を行った場合の収益の計上額、法人税における所得金額の計算上益金の額に算入する金額及び消費税における課税資産の譲渡等の対価の額がそれぞれ異なることがありますので注意が必要です。

（国税庁ホームページ／「収益認識に関する会計基準」への対応について）

法人税と消費税の収益認識に係るルールを簡単に整理します。

（法人税法）

第22条第4項

収益の額（同条第2項）及び損金の額（同条第3項）は、別段の定めがあるものを除き、一般に公正妥当と認められる会計処理の基準に従って計算されるものとする。

第22条の2第1項

収益の額は、別段の定めがあるものを除き、目的物の引渡し又は役務提供の日に認識する。

同条第２項

収益の額につき、一般に公正妥当と認められる会計処理の基準に従って、当該資産の販売等に係る契約の効力が生ずる日その他一定の日に収益として認識した場合は、別段の定め（第22条第４項を除く）があるものを除き、これを認める。

（消費税法）

資産の譲渡等を認識する時期については、記載がありません

※　消費税の納税義務の成立時期については、資産の譲渡等をした時等（通則法15②七）とされており、資産の譲渡等を認識する時期については、消費税基本通達９－１－１から９－１－30までに記載されています。

法人税と消費税の間に差異が発生するケースとして、「収益認識基準による場合の取扱いの例」（国税庁平成30年５月）で以下の６項目が例示されています。

✓　自社ポイントの付与（履行義務の識別）
✓　契約における重要な金融要素（履行義務の識別）
✓　割戻を見込む販売（変動対価）
✓　返品権付き販売（変動対価）
✓　商品券等（非行使部分）
✓　消化仕入（本人・代理人）

2－2 請求書等の役割

請求書等は何のために存在するのでしょうか。

すぐにゴミとして捨ててしまうものもあれば、経費で落とすために財布にしまうものもあります。

① そのお店で購入したことの証明

⇒返品する時に必要になります。

② お金を支払ったことの証明

⇒経理処理する際の証明書、法人税申告に係る証明書として保管されます。

これ以外に実はもう一つの役割があります。

③ 消費税を支払ったことの証明

⇒消費税申告に係る証明書として保管されます。

インボイス制度はこの③に大きな影響を及ぼすことになります。これまでの請求書等では、③の証明、すなわち消費税を支払ったことの証明にならないことになりました。ちゃんと消費税を支払ったと記載されていてもダメです。

請求書等については、現状の情報に加え、消費税法が定める一定の要件を満たさないと、消費税上は消費税を支払った証明として認めないこととしました。この要件を満たすものが適格請求書、通称インボイスです。

一方、インボイスに該当しないものを呼ぶ正式な名称がないので、本書ではインボイス以外と呼ぶことにします。

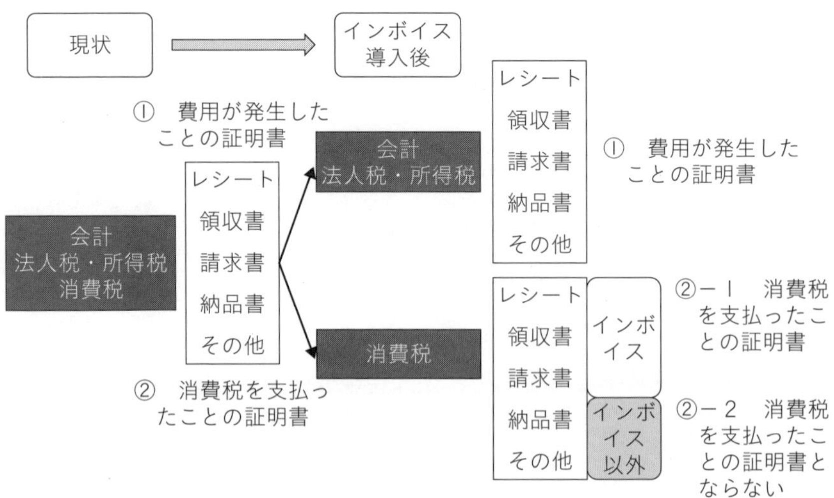

2－3 インボイスの要件

消費税法が定めるインボイスのルールは次のとおりです。

消費税法上は次の項目が、どれかの証憑に記載してあるものをインボイスとしました。

(a) 適格請求書発行事業者の氏名又は名称及び登録番号

(b) 課税資産の譲渡等を行った年月日

(c) 課税資産の譲渡等に係る資産又は役務の内容

(d) 課税資産の譲渡等の税抜価額又は税込価額を税率ごとに区分して合計した金額及び適用税率

(e) 税率ごとに区分した消費税額等

(f) 書類の交付を受ける事業者の氏名又は名称

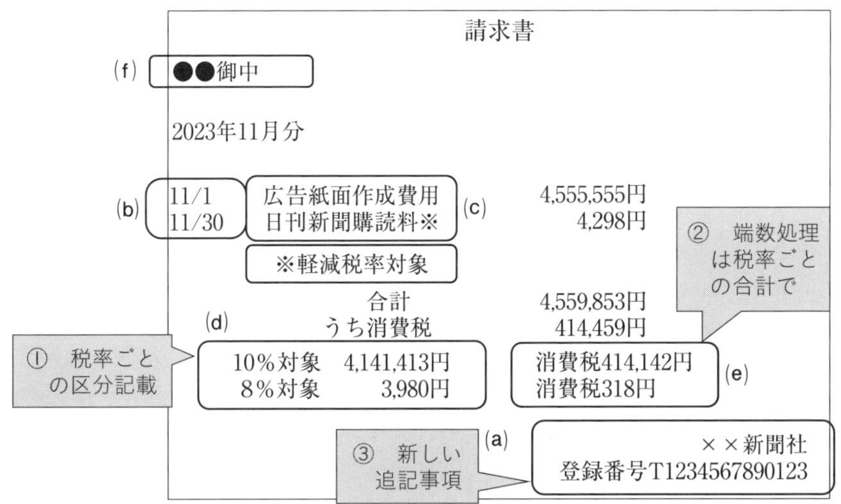

現状とあまり変わらないと思われるかもしれませんが、主なポイントは次の３点です。

①　税率ごと（8%、10%）に区分して記載すること

②　端数処理は１枚の証憑の税率ごとの合計に対して実施（商品ごとではダメ）

③　適格請求書（インボイス）を発行する事業者であることを証明するため、適格請求書発行事業者の名前と登録番号を記載

インボイスの決められた書式というものはなく、記載すべき項目が決められているのみです。

したがって、市販されている領収書等に手書きしたものでも要件を満たしていれば問題ありません。

また、１枚の請求書等に全ての情報を記載する必要はなく、契約書や納品書等、複数の証憑に分散して記載することでも問題ありません。

2－4 インボイスとインボイス以外

インボイス制度の一番の肝であり、重大な影響を及ぼす点が、インボイスの要件を満たす請求書等のみ消費税を支払った証明書として認めるという点です。言い換えると、インボイス以外では、消費税を支払ったことを証明する証明書にならないということです。

単純な例でイメージしてみましょう。

1個1,000円の商品を100円の消費税と合わせた1,100円で購入し、領収書をもらったとします。

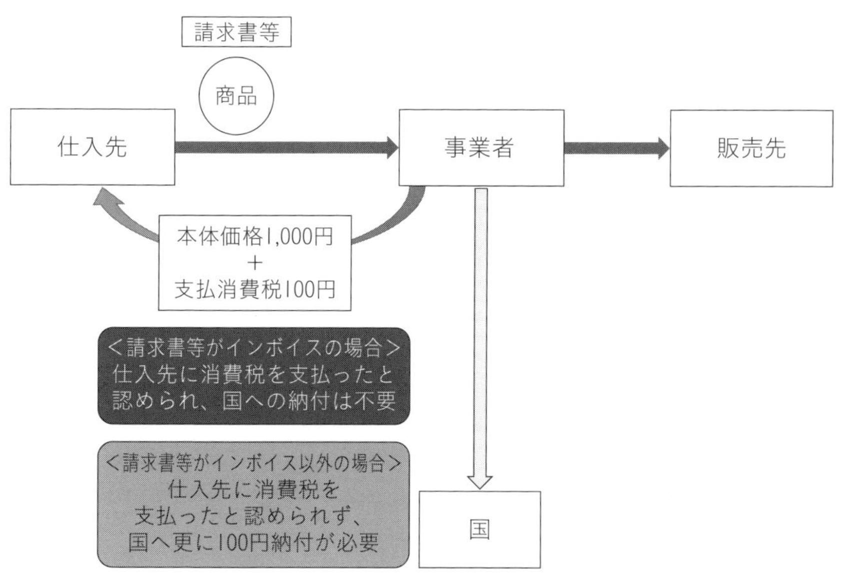

通常は、この領収書を費用が発生したことを証する証明書及び消費税を支払ったことを証する証明書として会計処理をし、法人税又は所得税

と消費税の証憑として保存します。

インボイス制度導入後は、受領した領収書がインボイス・インボイス以外にかかわらず、この仕入れのため支払った1,000円は会計・法人税又は所得税において費用として認められます。一方、消費税においてはその領収書がインボイスの要件を満たしていない場合は、仕入先に支払った消費税100円について消費税を支払ったとは認められません。その結果、仕入先に消費税100円を支払っているにもかかわらず消費税100円を更に国に納める必要が発生します。

「消費税は購入した際、ちゃんと仕入先に支払っていますし、その消費税額はこのとおり領収書にも明記されています。こんな領収書を渡した仕入先が悪いのであって、ウチに非はないでしょう。そっちから徴収してください」

と主張したくなりますが、残念ながら無駄な抵抗です。税務職員から

「おっしゃることはわかりますが、この場合はあなたが国にもう一度消費税を支払う義務があります。ご不満は取引をした仕入先に言ってください」

と言われて終わりです。法律で決まっているため、議論の余地がないのです。

2－5 対応する必要性

インボイス制度は消費税だけのルールです。

会計や法人税、所得税の世界には一切関係がありませんので、これまでの請求書等で問題ありません。

消費税だけの話なら、そんなに騒ぐ必要はないと考える方もいらっしゃるかもしれませんが、決してそうではありません。

① インボイス制度は、自分だけでなく、販売先に迷惑をかける可能性のある制度であること。

② 仕入先に支払った消費税が支払ったと認められなくなると、その分だけ国への納付額が増大すること。

③ 現在の消費税の税率は10％ですが、今後更に引き上げられた場合、影響は拡大すること。

どの事業者も販売先に迷惑をかけることは、絶対に避けたいはずです。インボイス制度への対応をしないという判断は、重要な経営判断と考えてください。

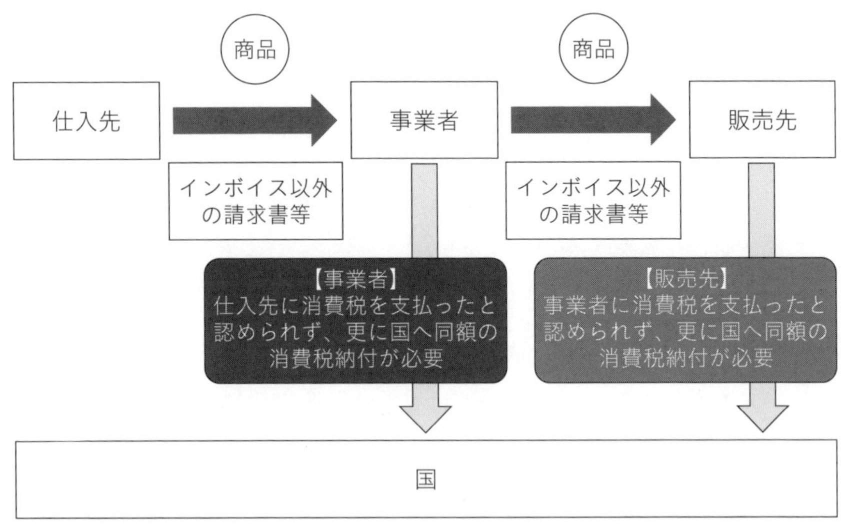
商品
商品
仕入先
事業者
販売先
インボイス以外の請求書等
インボイス以外の請求書等
【事業者】
仕入先に消費税を支払ったと認められず、更に国へ同額の消費税納付が必要
【販売先】
事業者に消費税を支払ったと認められず、更に国へ同額の消費税納付が必要
国

2－6 インボイス制度は選択制

インボイス制度は選択制です。希望しない人は選択しなくても、税法上は何の問題もありません。ただし、選択しない場合に被る不利益があるため、制度をきちんと理解した上で判断しましょう。

ここでいう不利益とは、販売先は事業者に消費税をちゃんと支払っているのに、販売先においてそれが消費税上支払ったと認められないという点です。

インボイス制度を選択した適格請求書発行事業者だけがインボイスの要件を満たす請求書等を発行することが可能になります。適格請求書発行事業者になるためには、①課税事業者となり、②税務署に登録する必要があります。登録していない課税事業者や免税事業者はインボイス制度の要件を満たす請求書等を発行することはできません。これらの者にはインボイス制度上の登録番号が発番されないため、インボイスの要件を満たすことができないのです。

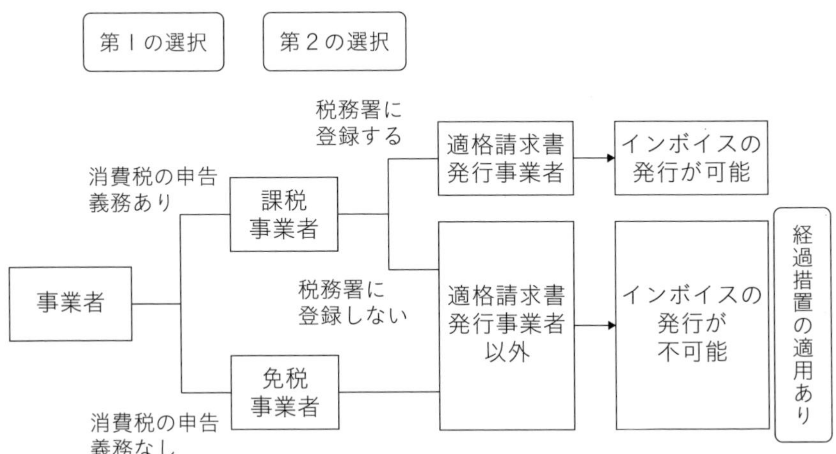
第１の選択
第２の選択
事業者
消費税の申告
義務あり
課税
事業者
消費税の申告
義務なし
免税
事業者
税務署に
登録する
税務署に
登録しない
適格請求書
発行事業者
適格請求書
発行事業者
以外
インボイスの
発行が可能
インボイスの
発行が
不可能
経過措置の適用あり

2－7 インボイス制度に取り組むべき者

消費税は個人、事業者、国等を含む公共団体など全ての者が負担しますが、インボイス制度は事業者を中心に適用されるルールです。

フリーランスや、副業収入がある人たちもビジネスの相手が事業者の場合、インボイス制度の影響を受けます。「事業開始届けを出していない」、「事業所得ではなく雑所得で申告している」から大丈夫、ということではありません。

現在消費税では次の２種類に大別されています。

①　**課税事業者**

②　**免税事業者**

インボイス制度の導入後は、さらに次のようにインボイス制度への対応を希望する課税事業者と、希望しない課税事業者に分かれることになります。

①　**登録した課税事業者（適格請求書発行事業者）**

②　**登録しない課税事業者**

③　**免税事業者**

【インボイス制度に関係ある者の例】

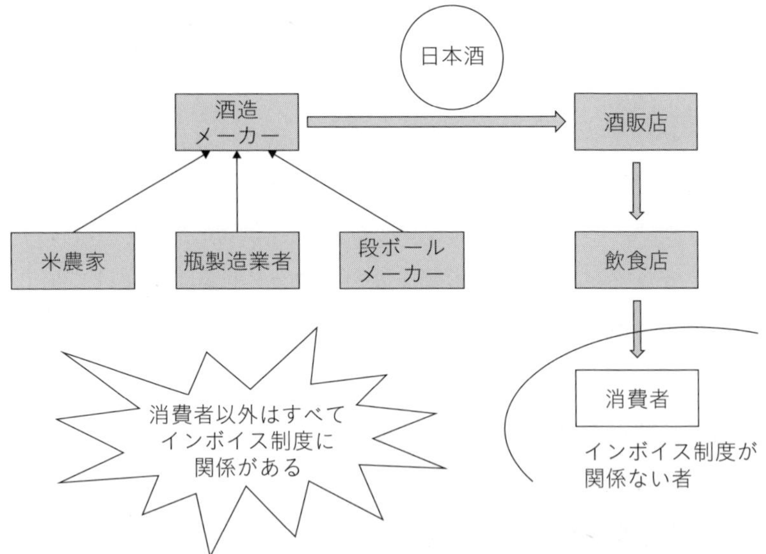

2－8 消費税は会社全体の課題

事業規模が小さい事業者の場合、仕入れも販売も同じ担当者が担うケースもありますが、事業規模が一定以上となると、仕入れと販売の担当者が別々になります。本書ではこの仕入れの担当者が所属する組織を購買・仕入部門、販売の担当者が所属する組織を販売・営業部門として説明します。

また、事業規模が小さい事業者の場合は、経営者自ら会計や税金業務を担う場合や、税理士等に任せる記帳代行という場合もありますが、事業規模が一定以上となると、組織の中に会計や税務を担う担当者を配置するケースもあります。この会計や税務を担う担当者が所属する組織を経理部門として説明します。

これまで購買・仕入部門や販売・営業部門にとっては、消費税は特に意識する必要のない存在でした。経理部門が決算・申告に必要な情報を集めて処理しており、消費税は経理部門のタスクであるという認識を誰もが持っていました。

ところが、インボイス制度が導入されると、消費税は経理部門だけのタスクではなくなります。例えば、販売・営業部門には、インボイスの要件を具備した請求書等を販売先に届けるというタスクがあり、このタスクは販売・営業部門が直接対応しなければなりません。また、購買・仕入部門には、インボイスの要件を具備した請求書等を交付する仕入先と取引をするというタスクがあり、このタスクは購買・仕入部門が直接対応しなければなりません。更に、取引を判断するためのフラグをシステムに入力するのも、購買・仕入部門のタスクとなります。

すなわち、販売・営業部門や購買・仕入部門においても、消費税は重要なタスクとなるのです。

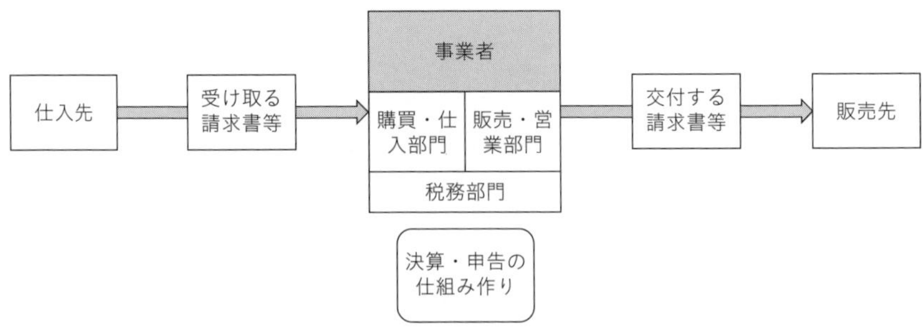

2－9 インボイス制度導入による混乱

ここまでのまとめとして、インボイス制度導入後に発生しそうな混乱を考えてみます。

少しでも気になる項目があれば、対応を検討して下さい。

（販売・営業部門）

・販売先からインボイスを発行しない相手とは取引しないと言われる

・販売先から、複数書類でインボイスの要件を満たすとか言われても煩わしいので、1枚の請求書で要件を満たすインボイスを発行してくれと言われる

・販売先からインボイスを紛失してしまったため、再発行してほしいと言われる

・値引きすることで販売先と合意したが、既に請求書を出してしまった

・請求書の端数処理が品目ごとで行われている

（購買・仕入部門）

・事務所家賃など銀行口座から自動引落しされ、請求書等がない取引

・クレジットカードの支払履歴のみで経費処理している取引

・免税事業者（売上が年間1,000万円以下の小規模事業者。主に、フリーランス、副業、個人タクシー、飲食店から弁護士、司法書士、税理士などの個人事業者が考えられます。）との取引

・共同仕入れなど、親会社などが代表して取引先に支払い、後でグループ会社から回収するような取引

・親会社がオフィスを借り、グループ会社に転貸するような取引

・請求書等を紛失した取引

(経理部門)

・インボイスのある取引かどうか、判断がつかないデータ
・経過措置の適用を受けられるかどうか、判断がつかないデータ
・80％の経過措置の適用を受ける場合、残り 20％部分の消費税の処理
・80％の経過措置の適用を受ける場合の繰延消費税の判断

2－10 経理部門の役割

インボイス制度の導入により、受け取った請求書等のうちインボイスの要件を満たさない証憑については、消費税をもう一度国に支払うことになります。そのため、購買・仕入部門はインボイスの要件を満たす請求書等を入手しなければなりません。

一方、販売・営業部門は販売先にインボイスの要件を満たす請求書等を交付しなければなりません。

インボイス制度でこの２つのタスクを実現するため、経理部門はインボイス制度を正しく理解し、会社全体で的確に対応できるよう導くことが求められます。経理部門だけでなく、購買・仕入部門や販売・営業部門にも正しく理解してもらい、主体的に対応してもらうことが重要です。

ただでさえ分かり難い消費税を、税金を知らない人たちに、平易に、そして具体的に説明する必要があります。経理部門には、会社が目指すべきゴールを設定し、道に迷うことなくサクセスロードをきちんと歩けるよう、道案内の役割も期待されます。

そして、最終的に経理部門が決算・申告できるように仕組みを作ることが必要です。

これと併せて、税務調査で調査官に説明し、資料を提供できるよう体制を整備しておきましょう。

経理部門にとってインボイス制度への対応は、難易度の高いタスクになります。

2－11 経過措置

インボイス制度の下では、適格請求書発行事業者以外（消費者、免税事業者又は登録を受けていない課税事業者）からの課税仕入れについては、仕入税額控除のために保存が必要な請求書等の交付を受けることができないことから、仕入税額控除を行うことができません（新消法30⑦）。

ただし、インボイス制度導入から一定期間は、適格請求書発行事業者以外の者からの課税仕入れであっても。仕入税額相当額の一定割合を仕入税額とみなして控除できる経過措置が設けられました。

（経過措置の対象）
仕入先が適格請求書発行事業者以外の事業者であること
・消費者
・免税事業者
・登録を受けていない課税事業者

（経過措置の内容）

期　　間	割　　合
令和５年10月１日から 令和８年９月30日まで	仕入税額相当額の80％
令和８年10月１日から 令和11年９月30日まで	仕入税額相当額の50％

コラム　目黒の権之助坂にあるトラットリア　チャオロはランチ時には行列ができるイタリアン料理。チーズたっぷりの名物ラザニアに舌鼓を打ちながら打ち合わせする２人。

貴船くん：インボイス制度は消費税だけの世界というのが、どうも腑に落ちないのですが。

大鳥課長：請求書等に２つの役割があるということが引っ掛かっているのでは。

貴船くん：そうかもしれません。

大鳥課長：税込金額は本体価格と消費税で構成されている。１枚の請求書等の中には、会計や法人税に関係する本体価格と、消費税に関係する消費税額があるということ。

貴船くん：それぞれの役割が異なるということなんですか。

大鳥課長：そのとおり。税抜処理の場合、本体価格は収益や費用となり、消費税は仮受消費税や仮払消費税となる。消費税はあくまで国の代わりに事業者が預かっているんだ。

貴船くん：インボイスは消費税だけのルールでしたよね。

大鳥課長：本体価格が関係する会計や法人税の世界は、インボイス制度の影響を受けないんだ。

貴船くん：本体価格と消費税はそれぞれ別の役割があると考えれば、すっきりしますね。

大鳥課長：ただ、請求書等は会計、法人税と消費税に分けて発行されないだろう。

貴船くん：それはすっきりしませんね。

大鳥課長：本当に分かり難い制度になるな。

3 インボイス制度対応の検討

3－1 販売・営業部門

インボイス制度は経理部門が所轄税務署長宛に適格請求書発行事業者の登録申請書等を提出し、登録番号を取得するだけでは解決しません。販売・営業部門は販売先に対して発行する請求書等について、インボイスの要件を満たすよう整備する必要があります。

事業者が免税事業者の場合、事業者自身が適格請求書発行事業者になるかどうかの判断が必要になります。免税事業者のままだと、販売先に消費税を２度支払わせることになり、迷惑をかけることになります。販売・営業部門にしてみたら大変です。せっかく獲得した販売先を、消費税のインボイス制度への対応を理由に失う可能性があるためです。

請求書等についてインボイスの要件を満たす整備ができなかった場合や免税事業者を継続した場合、販売先に迷惑をかけるため、販売・営業部門にとっても、インボイス対応は重要な課題となります。

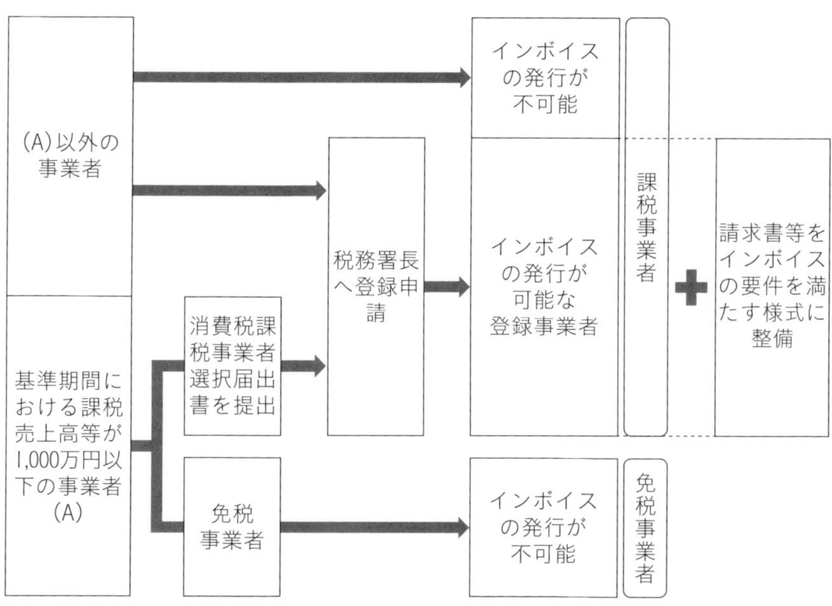
(A)以外の事業者
基準期間における課税売上高等が1,000万円以下の事業者(A)
消費税課税事業者選択届出書を提出
免税事業者
税務署長へ登録申請
インボイスの発行が不可能
インボイスの発行が可能な登録事業者
インボイスの発行が不可能
課税事業者
免税事業者
請求書等をインボイスの要件を満たす様式に整備

3－2 購買・仕入部門

3－2－1　インボイス以外の影響

インボイス制度が導入されると、大企業から個人事業者まで、最終消費者以外のほぼ全ての人に影響が発生します。

仕入れ等の際、仕入先に消費税を支払い、請求書等に消費税額が書いてあるものを受け取ります。

しかし、その請求書等がインボイスの要件を満たしていない場合、インボイス制度導入後は消費税上は消費税を支払ったことの証明にはなりません。

また、銀行口座から自動引き落としされた口座履歴のみで経理処理しているケースや、クレジットカードの請求書のみで経理処理しているケースでは、このままではインボイス制度の要件を満たさないことになります。

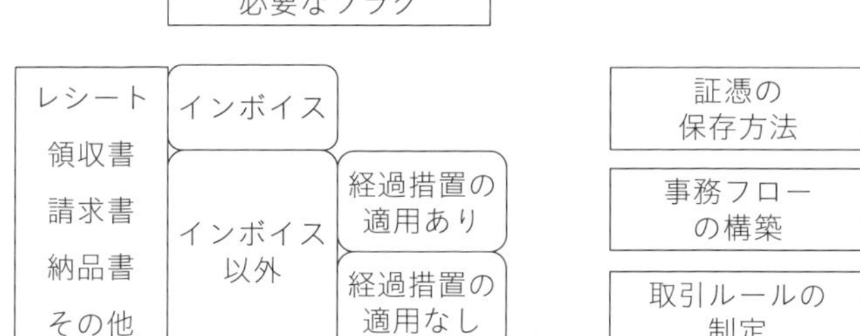

現状の請求書等は全て会計や法人税・所得税そして消費税に係る証明書として保存されます。帳簿への記帳要件を満たした上で、消費税上は仕入税額控除の対象となります。

インボイス制度の導入後、会計や法人税・所得税は現状の請求書等で費用が発生したことの証明書として認められます。

一方、消費税上インボイスは消費税を支払ったことの証明書となりますが、インボイス以外は消費税を支払ったことの証明書として認められません。

3－2－2　二重課税によるコストアップ

消費税の納税義務者は、事業規模に応じて複数の方法の中から納税額の計算方法を選択することが可能です。

インボイスとインボイス以外が混在しているケースで、各方式での影響額をみることにします。

【前提条件】

・売上に係る仮受消費税300（うち課税売上(A)200、非課税売上(B)0、共通売上(C)100）

・仕入れに係る仮払消費税70（うち課税売上対応(a)40、非課税売上対応(b)10、共通売上対応(c)20）

・仕入れに係る仮払消費税70のうちインボイス以外18（課税売上対応10、共通売上対応8）

・課税売上割合95%、みなし仕入率50%

【売上と仕入れに係る消費税】

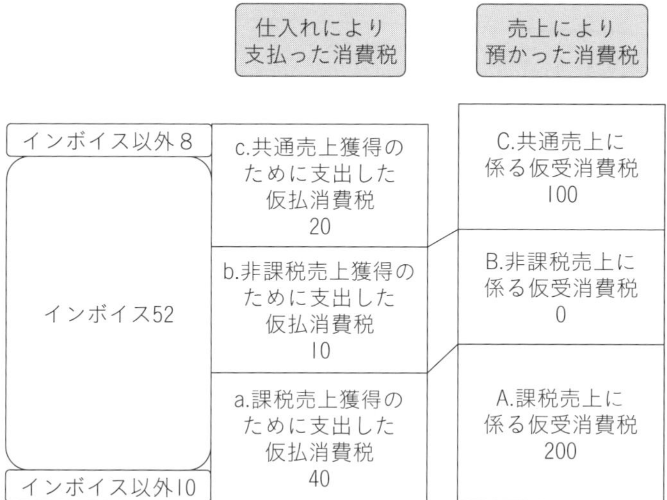

（1） 全額控除

① 仕入控除税額

インボイス 52

② 納付税額

売上で預かった消費税から、上記①の仕入控除税額を差し引いた分が国への納付額となります。

仮受消費税 300 －①仕入控除税額 52 ＝ 248

③ 手元預かり額

事業者の手元には売上で預かった消費税から、仕入れで支払った消費税の差額が存在します。

仮受消費税 300 －仮払消費税 70 ＝ 230

④ P/L 計上額

③手元預かり額から②納付税額の差額が事業者の負担となります。

③－②＝▲18（経費）……インボイス以外18が負担増

（2） 個別対応方式

① 仕入控除税額

売上に対応する仕入れとして消費税を紐付けます。

紐付け	仕入税額控除となる仮払消費税	
A－a	40－10＝30	課税売上獲得のためインボイス分が対象
B－b	0	非課税売上獲得のため対象外
C－c	(20－8)×95％＝11.4	共通売上獲得のため、インボイス分に課税売上割合を乗じたものが対象
計	41.4	

② 納付税額

売上で預かった消費税から、上記①で算定した仕入控除税額を差し引いた分が国への納付額となります。

仮受消費税300－①仕入控除税額41.4＝258.6

③ 手元預かり額

事業者の手元には売上で預かった消費税から、仕入れで支払った消費税の差額が存在します。

仮受消費税300－仮払消費税70＝230

④ P/L計上額

③手元預かり額から②納付税額の差額が事業者の負担となります。

③－②＝▲28.6（経費）……インボイス以外18、非課税売上対応10、課税売上割合分0.6が負担増

(3) 一括比例配分方式

① 仕入控除税額

売上に紐付ける必要はなく、仕入れに係る消費税に対して課税売上割合95%を乗じたものとなります。

仮払消費税 (70 − 10 − 8)× 95% = 49.4

② 納付税額

仮受消費税 300 −①仕入控除税額 49.4 = 250.6

③ 手元預かり額

仮受消費税 300 −仮払消費税 70 = 230

④ P/L 計上額

③−②=▲ 20.6(経費)……インボイス以外 18、課税売上割合分 2.6 が負担増

(4) 簡易課税方式(みなし仕入率を 50%とします)

① 仕入控除税額

仕入れに係る消費税は一切関係なく、売上で預かった消費税にみなし仕入率を乗じたものとなります。

仮受消費税 300 × 50% = 150

② 納付税額

仮受消費税 300 −①仕入控除税額 150 = 150

③ 手元預かり額

仮受消費税 300 −仮払消費税 70 = 230

④ P/L 計上額

③−②= 80(雑収入)……二重課税なし

(5)　免税事業者

①　仕入控除税額

納税義務が免除されていますので、ゼロです。

②　納付税額

同様にゼロです。

③　手元預かり額

仮受消費税 300 －仮払消費税 70 ＝ 230

④　P/L 計上額

③－②＝ 230（雑収入）……二重課税なし

3－3 経 理 部 門

インボイス制度に対応するための入り口は、経理部門が所轄税務署長に対し、適格請求書発行事業者の登録申請書を提出する必要があります。また、決算・申告を行うための仕組み作りが必要です。インボイス制度導入による影響をシミュレーションすることも求められるでしょう。

加えて経理部門は、購買・仕入部門のインボイスとインボイス以外を区別する体制整備や、販売・営業部門の販売先にインボイスを提供する体制整備をサポートする必要があります。

もし、これが間に合わなかった場合、何が起きるでしょうか。

・インボイス対応が遅れたことの責任を問われる

・インボイス対応が遅れた結果、消費税の決算・申告が適切にできない

など、最終的に困るのは経理部門です。

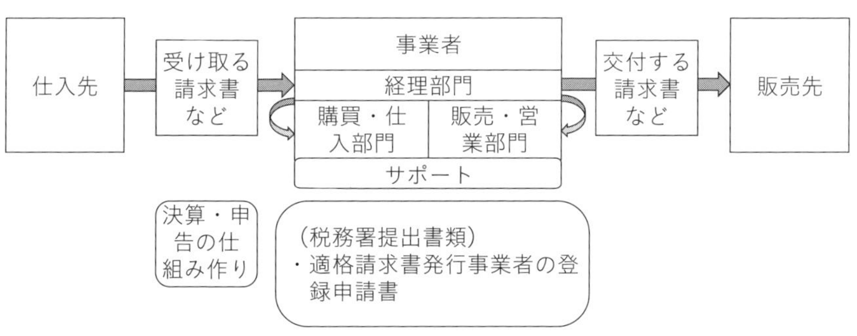

3－4 免税事業者

免税事業者が販売先の課税事業者に迷惑をかけないようにするには、免税事業者自身が課税事業者になるしかありませんが、その場合、免税事業者に新たに納税が発生します。

小規模零細企業ではこの消費税額を資金繰りに含めているケースもあり、消費税の納税により、資金繰りに支障をきたすケースも考えられます。

企業規模にもよりますが、簡易課税制度や全額控除など適用可能な制度も選択肢として、納税額が最も少なくなる方法を検討しましょう（**第Ⅲ編３－３**参照）。

税理士等の責任も重大です。

「資金繰りがしんどいのも困る、得意先には迷惑かけられない。先生なんとか助けてくれ。」

難しいところですが、簡易課税制度の選択も視野に入れて納税額をミニマイズすることを検討した上で、経営者としっかり会話することが必要になります。経営者からするとこれまで懐に入っていたものを出すことになるので、取られるという感覚を持つ経営者もいるかもしれません。本来は消費税として国に納めるべき金額ですので、きちんと説明するようにしましょう。

3－5 免税事業者のまま得意先に迷惑をかけない方法

免税事業者を継続しつつ、得意先に二重課税の迷惑をかけないような方法も考えられます。

例えば、本体価格＝税込み価格とする方法です。

この方法では、販売先は実質消費税分の値引きを受けていますので、国に消費税を支払ったとしても、消費税の実質的な負担は1回となります。

免税事業者は引き続き国に消費税を納める義務を回避できますが、これまで利益となっていた消費税分が減少します。

例えば、1,000円の売上と消費税10％の100円というケースで考えてみます。

（現状）

《販売側》免税事業者		《仕入れ側》販売先	
（借） 現金 1,100	（貸） 売上 1,000 （貸） 仮受消費税 100	（借） 仕入 1,000 （借） 仮払消費税 100	（貸） 現金 1,100
（借） 仮受消費税 100	（貸） 雑収入 100	（借） 他の仮受消費税と相殺	（貸） 仮払消費税 100
売上 1,000、雑収入 100		仕入 1,000	

（インボイス導入後、そのままとするケース）

《販売側》免税事業者		《仕入れ側》販売先	
（借） 現金 1,100	（貸） 売上 1,000 （貸） 仮受消費税 100	（借） 仕入 1,000 （借） 仮払消費税 100	（貸） 現金 1,100
（借） 仮受消費税 100	（貸） 雑収入 100	（借） 消費税（経費）	（貸） 仮払消費税 100
売上 1,000、雑収入 100		仕入 1,000、消費税 100	

（インボイス導入後、本体価格を税込み価格とするケース）

《販売側》免税事業者		《仕入れ側》販売先	
（借）　現金　　1,000	（貸）　売上　　909 （貸）　仮受消費税 91	（借）　仕入　　909 （借）　仮払消費税 91	（貸）　現金　　1,000
（借）　仮受消費税 91	（貸）　雑収入　　91	（借）　消費税(経費) 91	（貸）　仮払消費税 91
売上 909、雑収入 91		仕入 909、消費税（経費）91	

非常に分かりにくいため、この方法で販売先の理解を得るのは難易度が高いです。

また、免税事業者側のキャッシュも減少するため、あまりメリットは感じられないかもしれません。この方法のメリットは、次の２点です。

- **免税事業者としての消費税の申告納税義務がないこと**
- **免税事業者同士の取引については、従来通りメリットを享受できる**

3－6 免税事業者から課税事業者に変わるインパクト

免税事業者から課税事業者に切り替えた場合の影響を考えてみます。

免税事業者はおよそ年間売上高が1,000万円以下の事業者ですので、預かる消費税は最大で10%の100万円です。

一方、仕入れ等で支払う消費税もありますが、影響額を最大で見積もるためにゼロと仮定します。

免税事業者が課税事業者を選択した場合の最大の税負担は、個別対応方式又は一括比例配分方式を採用した場合、預かった消費税100万円と、仕入れで支払った消費税ゼロとの差額の100万円となります。

簡易課税制度を選択すれば、仮受消費税に対して飲食業60%、サービス業50%の仕入控除税額が認められますので、飲食業では40万円、サービス業では50万円まで消費税の負担を圧縮することが可能です。

簡易課税制度を選択するか、個別対応方式又は一括比例配分方式を選択するかは、仕入れ等に係る仮払消費税の金額水準（できれば、これに課税売上割合も加味するとより精緻です。）次第です。いずれか有利な方を選択しましょう。

免税事業者は、簡易課税の選択も視野に入れながら「最大100万円の消費税負担する」ことと、「得意先に10%コストアップの迷惑をかける」ことを天秤にかけることになります。

4 電子帳簿保存法の改正と消費税

電子帳簿保存法が令和3年度税制改正で、事業活動に大きな影響を及ぼす改正がなされました。所得税及び法人税において、令和4年1月1日から電磁的記録方式により受領した請求書等の紙保存が認められなくなるという点です。このルールは消費税には適用されないため、消費税では従来通り紙での保存が基本となります。ただし、インボイス制度が導入される令和5年10月1日以降に施行される新消費税法施行規則第15条の5において、新電子帳簿保存法施行規則第4条第1項各号（電子取引の取引情報に係る電磁的記録の保存）に掲げる措置のいずれかの措置を行い、同項に規定する要件に準ずる要件に従って保存することとされました。

その結果、令和5年10月1日以降は消費税の世界においても、法人税及び所得税と整合性が取られますが、新電子帳簿保存法が施行される令和4年1月1日から令和5年9月30日までの取扱いについては不明です。厳密に考えると消費税においては、電子データで保存しようとした場合、スキャナ保存のルールに従う必要があると考えられますが、令和3年8月時点で財務省及び国税庁から本件に関する説明がなく、具体的な運営については今後の当局側からの情報を確認する必要があります。

【電子帳簿保存法と所得税・法人税、消費税】

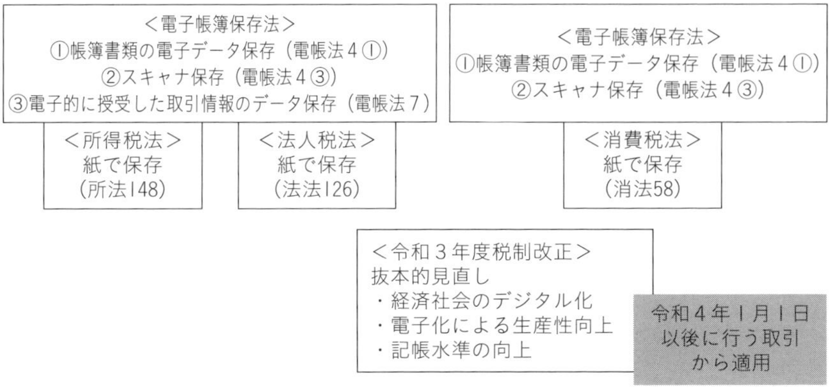

<電子帳簿保存法>
①帳簿書類の電子データ保存（電帳法４①）
②スキャナ保存（電帳法４③）
③電子的に授受した取引情報のデータ保存（電帳法７）

<所得税法>
紙で保存
（所法148）

<法人税法>
紙で保存
（法法126）

<電子帳簿保存法>
①帳簿書類の電子データ保存（電帳法４①）
②スキャナ保存（電帳法４③）

<消費税法>
紙で保存
（消法58）

<令和３年度税制改正>
抜本的見直し
・経済社会のデジタル化
・電子化による生産性向上
・記帳水準の向上

令和４年１月１日
以後に行う取引
から適用

4－1　電子帳簿保存法について

法人税や所得税、そして消費税ではそれぞれ国税関係帳簿及び国税関係書類を紙で保存することが原則とされていますが、電子媒体での保存を可能とするために平成10年に電子帳簿保存法が施行されました。施行当初は会計帳簿を紙で保存するコスト削減を目的に申請する企業が多かったのですが、国税側の制度運用のスタンスが徐々に厳しくなり、現在のルールでは電子化した帳簿間との相互関連性までもが必要とされています。スキャナ保存制度も途中で導入され、タイムスタンプによる改ざん防止策等を要件に国税関係書類をスキャンして電磁的記録で保存することが認められました。タイムスタンプのコストのほか電磁的記録のカラーでの保存など様々な要件が厳しく、導入できる企業は実質一部の大企業に限られる状態でした。

令和3年度の税制改正ではこれらに抜本的な見直しがなされ、電子帳簿等保存やスキャナ保存の要件が大きく緩和されたほか、電子取引に係る書類の保存ルールが設けられました。次の3つの視点から簡単に見ることにします。

①　**電子帳簿等保存関係**

②　**スキャナ保存関係**

③　**電子取引関係**

【電子帳簿保存法のイメージ】

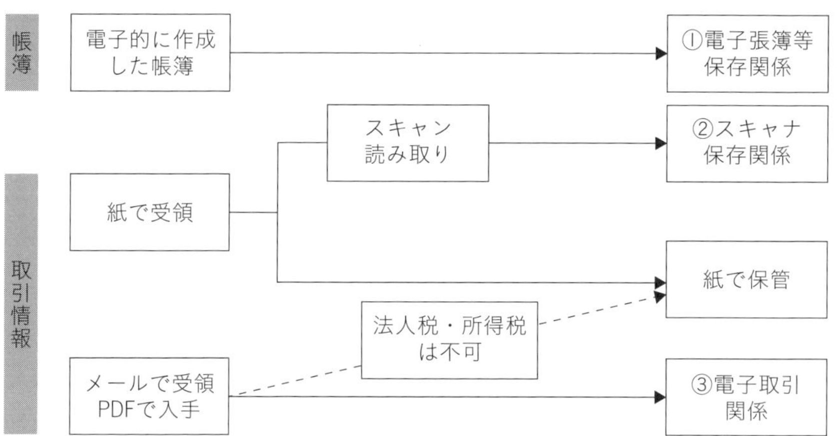

4－2　電子帳簿等保存関係

電子帳簿等保存関係における大きな改正点は、税務署長による事前承認制度の廃止と、システム要件の緩和です。正規の簿記の原則に従って記録されているなど最低限の要件を満たす電子帳簿であれば、電磁的記録による保存が可能となりました。

また、訂正・削除の事実及びその内容が確認できるなど現状の電子帳簿保存法の要件を満たす場合は優良と認められ、この帳簿に記載された取引に関し申告漏れがあった場合は当該申告漏れに課される過少申告加算税が5%軽減されるメリットが付与されています。

【電子帳簿等保存関係】

- 税務署長の事前承認制度が廃止
- システム要件が緩和
  - ✓相互関連性が不要
  - ✓記録の訂正、削除の内容等が確認できるシステムが必須ではない
  - ✓通常の業務処理期間を経過した場合、その事実を確認できるシステムが必須ではない

優良な電子帳簿等

過小申告加算税が５％軽減

4－3 スキャナ保存関係

スキャナ保存については、多くの要件が廃止又は緩和されました。税務署長の事前承認制度の廃止、タイムスタンプ要件の緩和、検索要件の緩和、適正事務処理要件の廃止となる一方で、保存データの訂正又は削除に係るバージョン管理と、帳簿とスキャナ保存する書類との相互関連性の確保というハードルは残されました。

保存データのバージョン管理は、市販の管理ソフトを使っているだけでは認められません。あくまでも、電子帳簿保存法の要件に沿ったバージョン管理ができるソフトを使う必要があります。

また、帳簿と書類の相互関連性についても具体的に説明されていないため、改正後の調査現場でどの程度の関連性が求められるのか定かではありませんが、これまでの税務調査で会計科目から個別仕訳までブレイクダウンできる仕組みが必要と指摘する調査官もいました。

不要とされた要件と引き続き残る要件は、下図のとおりです。

【スキャナ保存】

今後不要とされたこと	引き続き必要なこと
税務署長の事前承認制度	記録項目の入力
受領後３営業日までにスキャン	見読可能装置の備付け
タイムスタンプの付与	検索機能の確保
受領者がスキャンする書類へ自署	帳簿との相互関連性の確保
定期検査で原本との照合後に廃棄	保存データのバージョン管理
別人による原本との照合	
事務処理の適正性の確認	

4－4 電子取引関係（所得税・法人税）

電子取引については、所得税及び法人税において当該電子取引に係る電磁的記録を保存しなければならないとされました。現状多くの事業者がPDFや電子メールで受領した請求書等を紙で保存していますが、令和4年1月1日以降は真実性と可視性の要件を充足した上で電磁的記録そのものを保存することが義務化されました。紙での保存が認められないということは事業者だけでなく、記帳代行業務を受託している税理士においても事務フローが大きく変わることになります。広範囲に影響が及ぶ大きな改正にもかかわらず、残されている時間は少なく、また12月決算以外の法人は期の途中から変更を迫られることになります。経過措置は設けられていないため、タイトで難しい制度対応となります。

なお、紙で保存した場合のペナルティは青色申告の取消しです。財務省及び国税庁の説明によると、紙で保存したからといって当該取引を直ちに否認したり、青色申告を取り消すということではなく、様々な状況を鑑み総合的に判断するとのことです。

【電子取引（所得税・法人税）】

●電磁的記録を紙で保存することは不可

●要件１及び２を充足することが義務化

要件１．真実性	要件２．可視性
次のいずれかを満たすこと ①　送付側でタイムスタンプを付す ②　受領側で、受領後２ヶ月＋７営業日以内にタイムスタンプを付す ③　記録事項の訂正・削除の経過が確認できるシステム又は訂正・削除ができないシステムで保存 ④　事務処理規程を定め、正当な理由がない訂正・削除の防止に努める	①　保存場所に機械装置、操作マニュアルを備え付け、画面・書面に整然かつ明瞭な状態で速やかに出力できるようにする ②　システムの概要書を備付け ③　検索機能（３要件）の確保

4－5 電子帳簿保存法における所得税及び法人税と消費税の取扱い

電子取引について、所得税及び法人税では電子帳簿保存法第7条に基づく保存が義務化される一方で、消費税についてはその適用がありません。

消費税については令和5年（2023年）10月1日施行の新消費税法において所得税及び法人税と同様、電子保存が原則となりますが、それまでの間の規定がないように思われます。今後どのような調整がなされるのか、財務省又は国税庁の説明に注意する必要があります。

また、現時点では取引金額が3万円未満の取引については、消費税上は請求書等の保存がなくても法令に規定する事項が記載された帳簿の保存のみで仕入税額控除が認められています（消法30⑦、消令49①一）。このルールを適用している個人及び法人は令和5年（2023年）9月までにこのルールをどうするか整理する必要があります。

【電子帳簿保存法における所得税及び法人税と消費税との違い】

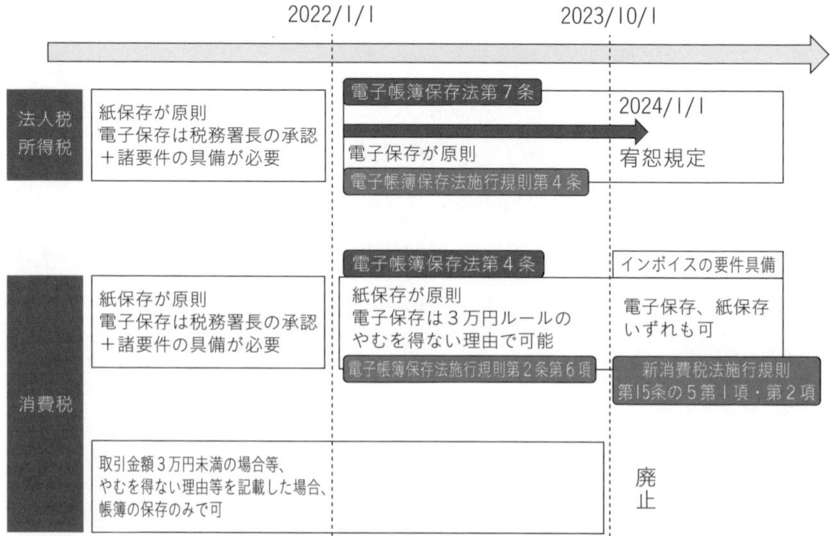

コラム 九段下にある二階堂は素材を活かしたラーメンを提供。夏季限定のイリコそば、冬季限定の味噌ラーメンのほか、定番の担々麺が楽しめる。山椒の効いた担々麺で痺れる2人。

貴船くん：早速の影響額シミュレーションには痺れました。

大鳥課長：消費税は事業規模等によって選択肢があり、その結果が異なるということさえ理解できれば、現段階では OK だよ。

貴船くん：選択する方法によってこんなにも差が出るんですね。

大鳥課長：インボイス制度の導入前はもう少しシンプルだったが、更に複雑化してしまった。

貴船くん：そもそもインボイスとインボイス以外の区別を、誰がつけるのでしょうか。

大鳥課長：当然、取引部署で区別してもらうことになる。区別がつけられないと、消費税の計算ができないことになってしまい、大変な事態となるので、とても大切なポイントになる。

貴船くん：取引部署で区別してもらうのは大変そうですね。

大鳥課長：そのとおり。まずは我々経理部門がインボイス制度を正しく理解し、一緒になってやっていくしかないだろうな。

貴船くん：直接、取引部署にアプローチするのですか？

大鳥課長：まずは購買・仕入部門の理解を得た上で、一緒に取引部署に対する啓もう活動するのが良いだろうな。

貴船くん：僕でも難しいのに、みんな分かってくれるかな？

大鳥課長：貴船くんが説明できないことを分かってもらうのは難しいだろうね。貴船くんの責任は重大だよ。

貴船くん：痺れる話ですね（苦笑）

第Ⅱ編

インボイス制度導入へのサクセスロード

1　サクセスロードへの入り口

1－1　制度対応を主導する者

インボイス制度への対応は大きく3つの立場で考える必要があります。

・(売り手側) 販売・営業部門

・(仕入れ側) 購買・仕入部門

・(決算・申告) 経理部門

国税庁が公表するQ&Aは具体事例が多く、誰でも入手できます。経理部門とそれ以外の部門との情報格差はほとんどないため、それぞれの部門が対応することも可能ですが、やはり主導する者が必要です。

経理部門は決算・申告という最下流の作業工程を担います。上流から的確な情報を流してもらえないと、最後に困るのは決算・申告ができなくなる経理部門です。

また、これまで多くの会社では消費税といえば経理部門のタスクでしたので、いきなりみなさんのタスクになったんですと言われても、理解が得られない可能性があります。

ここは経理部門が腹を括って会社を取りまとめる覚悟が必要です。

だからといって誤解して頂きたくないのですが、経理部門だけで対応するということではありません。インボイス制度への対応は経理部門だけでは不可能です。販売・営業部門のタスクだけを考えても明らかです。

- ・販売先に交付する全ての請求書等
- ・請求書等の作成はシステムか手作成か
- ・請求書等の交付方法
- ・納品書や契約書等の有無
- ・口座引落しやカード決済の場合の請求書等
- ・現状の請求書等の記載情報

こういった情報を持っていない経理部門の推測でインボイス対応を進めることの危険性を認識すべきです。

消費税はインボイス制度導入を機に、経理部門だけのタスクではなくなり、会社全体のタスクに変わります。その点をしっかり説明し、販売・営業部門と購買・仕入部門に当事者意識を持って取り組んでもらうことが重要となります。

1－2　販売・営業部門に対するアプローチ

経理部門による販売・営業部門に対するアプローチを考えてみます。

重要なのは、販売先に迷惑をかけないよう、適切にインボイスを交付する体制を整備するという認識を共有することです。

そのためには次の2点がポイントになります。

① 販売先に迷惑がかかるということを理解させる

② インボイスの要件と現状の請求書等との違いを認識させる

課題を共有できた後はゴールを確認し、現状の請求書等との差を埋めるアプローチをしましょう。

- 全ての取引を洗い出し、請求書等で販売先に交付しているものといないものに整理する
- 交付しているものは書式の変更を検討するか、契約書や納品書、見積書など複数の証憑でインボイスの要件を充足するよう検討する
- 交付していないものはインボイスとなる方法を検討する
- 交付したインボイス（データ等でも可）を7年間保管する仕組みを考える
- 販売先からインボイスの再交付要請があった場合に、対応できるようにする
- システム対応しているものは、予算を獲得し、開発する
- 契約書を変更する場合は、販売先と交渉して了承を得る

1−3 購買・仕入部門に対するアプローチ

経理部門による購買・仕入部門に対するアプローチを考えてみます。

重要なのは、仕入先が課税事業者か免税事業者かによって、消費税を二度負担する事態になるという認識を共有することです。

全ての仕入先を購買・仕入部門でコントロールすることが難しい場合は、インボイス以外の取引や、そもそもインボイスのない取引が発生する前提で仕組みを作る必要があります。

経理部門が決算・申告を行う上で欠かせない情報は、この購買・仕入部門の情報です。

的確な情報管理ができる仕組みがなければ、コスト管理だけでなく、決算・申告もできなくなるため、情報管理の仕組みは経理部門が考える必要があります。その上でどう実現するかを購買・仕入部門にアプローチしましょう。

① 仕入先管理

・インボイスを発行できない事業者との取引ルールの構築とコスト増の整理

・インボイスなど証憑の保管ルールの統一

・全従業員への教育

② 情報管理

・仕入れごとに種類が判別できるフラグを仕訳に付すための業務フロー構築

・システム対応のため、予算を獲得し、開発する

・免税事業者等との取引を継続した場合のコストアップのシミュ

レーションと経営への事前説明

・経営計画、予算への反映

・共同購入している場合の業務フローの見直しと子会社との認識共有

1－4 経理部門の体制

経理部門の体制づくりも重要です。

インボイス制度の導入は経営、全社を巻き込む一大プロジェクトとなり、担当者には次の能力が要求されます。

・経営陣への提案力
・分かり難い消費税を、素人でもイメージしてもらえる説明力
・会社全体を見渡す力
・他部門との調整力
・システム（経理システムだけでなく、周辺の購買システムや経費管理システム等の分散システム）に対する知見
・プロジェクトを推進する企画・推進力

インボイス制度導入まで残された時間と課題を見極め、経理部門の体制を整備してください。

1－5　どこから手を付けるか

範囲が広いためどこから手を付けたら良いか、悩ましいところです。まずは経理部門がプロジェクトの全体像（ゴールを含む）のイメージを持つことが重要です。

経理部門が決算・申告ができる仕組み作りを考えながら各部門とゴールを一緒に設定する必要があります。経理部門は土台部分ですので、しっかりしたプランを描いた上で各部門との対話を始めましょう。

① 経理部門のレベルアップ

・インボイス制度を平易に、分かりやすく説明できるようにする

・担当役員、経営陣の理解とサポートを得て、各部門にアプローチする（各部門のトップから指示してもらう）

② 社内の旗振り

・社内でインボイス制度を理解してもらうため従業員への指導

・各部門に自分自身のタスクと認識してもらうためのアプローチ

・コストアップのシミュレーション結果を各部門、経営陣と共有

③ 決算・申告体制づくり

・仕訳に必要なフラグの選定

・各分散システムからデータを受け取るための経理システムの受け皿作り

・フラグを付すシステムの選定と業務フロー構築

・二重課税となったコストの賦課ルール

・税務調査を見据えた証憑の保存ルール

1－6 インボイス開始までのスケジュール

インボイス制度導入まで残された時間は限られています。

【スケジュールイメージ】

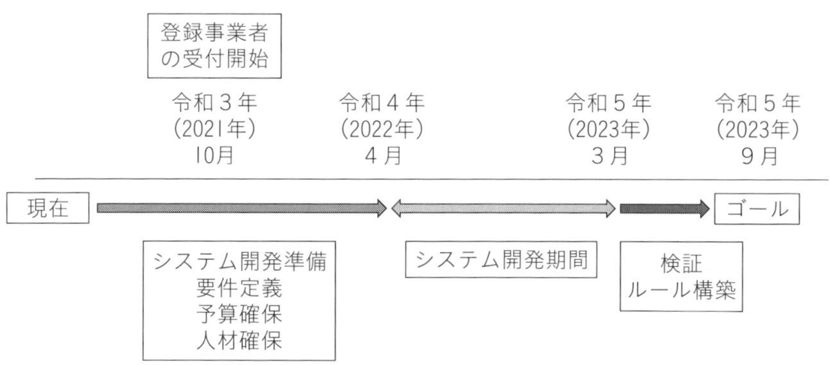

令和３年（2021年）10月よりインボイスを発行するための要件である適格請求書発行事業者の登録受付が開始されます。

インボイス制度のスタートは令和５年（2023年）10月です。

システム開発が必要な場合、できれば半年前の令和５年（2023年）３月までに開発を完了させたいところです。

システム開発に１年を要するとすると、残された時間は１年を切ることになります。

システム開発には一般的に以下の手順が必要です。

- 業務フローを決定し、どういう情報が必要かをユーザーが決定する
- その情報をどのシステムで管理するのかをユーザーとIT部門が相談し、決定する

・IT 部門はシステム開発に必要な開発要員を確保する
・ユーザーはシステム開発予算確保のため、企画部門と交渉する
・IT 部門とユーザーは協力して要件定義書を作成する

ここまでやって、ようやく開発着手にたどり着くことができるのです。

この過程で特に注意していただきたいのが、予算及び開発要員等のリソースの確保です。多くの会社ではシステム投資予算は１年前、遅くとも半年前には確定させます。当然、予備枠的なものもあるでしょうが、最初からそれをあてにするのはできるだけ避けましょう。

また、予算を確保できたとしても、開発要員が確保できなければシステム開発はできません。この開発要員確保がネックになる可能性もあるため、IT 部門と少しでも早く話を始めることが大切です。

【システム開発に至るまでのフロー】

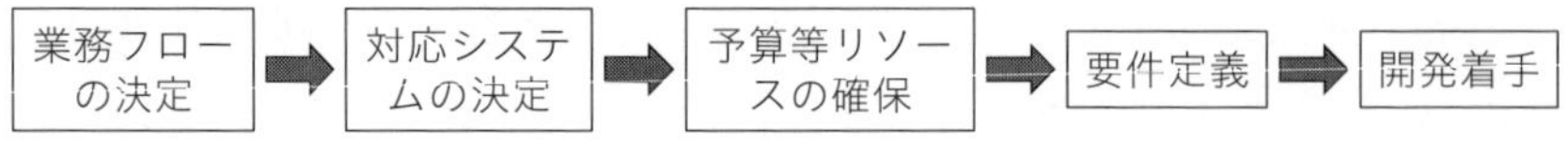

1－7 税理士に任せていれば大丈夫か

税理士に任せているから大丈夫と考えるのは危険です。

システムベンダーが提供する会計システムを使用している場合は、システム対応はベンダー側でするはずですし、税理士も会計システムに詳しいことから特に問題ないと考えます。

注意が必要なのは、自ら会計システムを構築している場合や、会計システム以外の購買や経費管理のシステム（以下「分散システム」）がある場合です。分散システムのベンダーがインボイス対応をフォローしてくれるかどうかを確認しましょう。

税理士には現状を明らかにした上で、対応策を一緒に考えるところから始めて下さい。どういうデータを持たせるかのアドバイスは受けられるため、それを実現するために各部門と調整しましょう。

インボイス制度は販売先に迷惑をかけないようにするための販売・営業部門のタスクと、自社が二重課税にならないようにするための購買・仕入部門のタスクが異なります。そこをきちんと切り分けてタスクを整理し、進めることが大切です。

早めに税理士と会話を始めることをお勧めします。

1－8　経理部門の担当者は腹を括りましょう

インボイス対応で欠かせないのは、販売先に迷惑をかけないことと自社が二重課税にならないよう最大限注意を払うことの2点です。

（1）販売先に迷惑をかけない

販売・営業部門にインボイス対応の相談を持ちかけた場合、次のような反応が予想されます。

「なるほど！それは大変だ。ただ、営業のノルマがあり、税金のところまでは手が回らないんだ。税金は経理部門マターであり、そっちでなんとかしてよ。指示してくれたら協力は惜しまないからさ。」

一見協力的に見えますが、非常に危険な責任転嫁です。

「指示してくれたら協力は惜しまない」というのは、以下の意識が存在します。

- 全て考えるのは経理部門（販売・営業部門は言われたことだけするという受け身）
- できるだけサポートするといっても、システム対応までは自分たちのタスクと認識していない
- 対応が上手くいかず顧客クレームになった場合、経理部門の指示に原因があると言い訳が可能

万一対応が上手くいかず、販売先に迷惑をかけるような事態になった場合、経理部門では責任を取れません。

経理部門が取引の洗出しなどの協力を求めても、多忙を理由に主体的に対応してもらえない可能性もあります。

「販売先に迷惑をかけてこまるのは販売・営業部門。自分のタスクとして真摯に取り組んでください。税の話なので経理部門としても全面的にバックアップします。」というくらいのスタンスを貫いてください。

（2） 自社が二重課税にならない

購買・仕入部門にインボイス対応の相談を持ちかけた場合、次のような反応が予想されます。

「インボイスかどうかを判断するのは、税の素人である自分たちには無理。経理部門の方でチェックする仕組みを考えて欲しい。フラグも決算・申告で使うんだから、経理システムの方で入力すれば良く、購買システム等に手を入れる必要はないのでは？」

これでは完全に他人事です。

経理部門にインボイスをチェックするリソースはありません。インボイスの判断ポイントは限られており、税務の知識は関係なく、形式的にチェックすることが可能です。

また、購買システムでフラグを立てない場合、購買システムから経理システムへ連携されるデータに経理システム側でフラグを立てることになります。取引を入力するシステムに、インボイスに必要なフラグも重要な項目として入力してもらい、そのデータを経理システムが受け取るのが望ましいです。

「購買システムなどでデータを持たないのであれば、それでもかまいませんが、経理システムにデータを連携する際、必ずインボイスに必要なデータも付けてください。そうでなければ、経理部門としては必要なデータが連携されていないため、決算・申告ができません。」
と主張しましょう。

コラム 社内ミーティングの後、会議室に残り反省会をする二人。

貴船くん：大鳥課長。僕にはこのプロジェクトは荷が重すぎます。他の部門の人に話をしても、「消費税なんだから、経理部門の仕事じゃないのか」と逆に言われてしまいました。システムも専門外で全く分かりません。

大鳥課長：これまでは消費税は経理部門の仕事で良かったが、インボイス制度が導入された後は経理部門だけのタスクではなくなっていることをちゃんと理解してもらわないダメだな。仕切り直そう。

貴船くん：僕のような若造じゃなく、ベテランの鞍馬さんとかが適任じゃないですか。

大鳥課長：インボイス制度だけじゃなく、収益認識基準対応だったり、連結納税対応だったり、他にも難しいタスクがあるからそこは分担しないとダメなんだ。貴船くんがそっちを担当してくれるんだったら、考えるが。

貴船くん：無理に決まっています。

大鳥課長：せっかくここまで消費税を頑張ってきたんだから、一緒に頑張ろう。これからは少し作戦を練るぞ。担当者レベルではなく責任者を含めた状態でミーティングをやろう。

貴船くん：大鳥課長も出席して下さるのですか？

大鳥課長：私の方で経理部長から各部門の部長に依頼するという形をとるよう相談するよ。各部門の部長から責任者に指示してもらえば、今日のような反応ではなくなるだろう。

貴船くん：課長がそこまでやってくださるのなら、もう少し頑張ってみます。

2 事業者別アプローチ

インボイス制度は選択制のため、インボイス制度の導入の要否は事業者の判断次第ですが、何を基準に検討すればよいのでしょうか。事業者の状況によって異なるため顧問税理士に相談するのがベストですが、大まかな判断基準を整理することにします。

2－1 個人消費者の場合

個人消費者はインボイス制度の影響は受けることはなく、対応は不要です。

消費税は、事業者が事業として行う資産の譲渡等又は役務の提供に対して発生します。例えば、個人消費者が所有する資産をメルカリやヤフオクで売却する場合は、事業者が行う取引に該当しないため、消費税は発生しないことになります。

2－2 副業、フリーランス等の場合

最初に自分が事業者かどうか、自分のビジネスが事業かどうかを判断するところから整理が必要です。そして、インボイス制度を導入することの要否は、次のチャートを参考に決定してください。自分だけで判断することが心配な場合は、税理士に相談することをお勧めします。

【インボイス制度導入を検討するチャート】

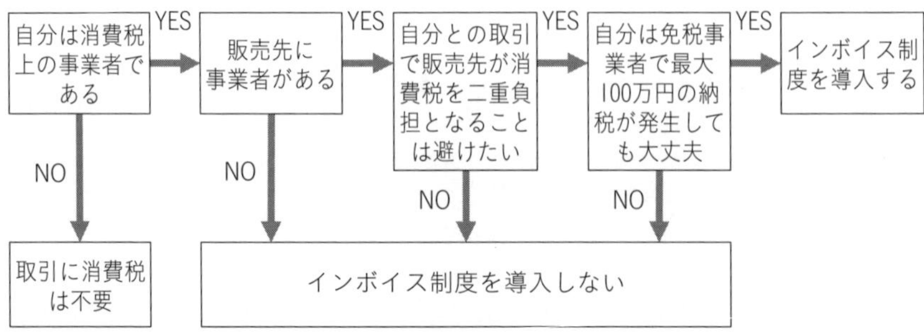

インボイス制度を導入することを選択した場合は、インボイスを発行するための準備を行います。

まず、税務署長に適格請求書発行事業者の登録申請書等を提出します。承認が得られると登録番号が発番されますので、それを請求書等に反映させることになります。なお、請求書等についてはこの登録番号を含む６つの記載事項が定められています。また、インボイス制度では、発行した請求書等の写し又はその記録（データ含む）について７年間の保存義務が課されていますので、保存ルールを定めます。

インボイス制度を導入するということは、消費税の決算・申告納付が

発生します。消費税の計算方法についても複数の選択肢があることから、税理士に相談することをお勧めします。

なお、消費税の計算方法の選択は原則、適用しようとする事業年度開始の日の前日までに税務署長へ届け出る必要があるため、スケジュールにもご注意ください。

2－3　個人事業者等で税理士に一任している場合

事業者が行う取引は消費税の対象となりますが、税理士に一任しているケースでは経営者が消費税の申告の有無を認識していないケースも考えられます。まずは税理士に消費税の申告を行っているかどうかを確認します。

【インボイス制度導入を検討するチャート】

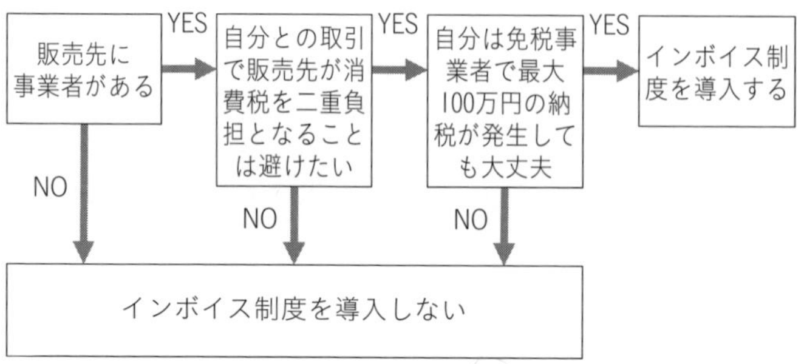

インボイス制度を導入することを選択した場合は、インボイスを発行するための準備を税理士と一緒に行います。税理士には、まず税務署長に適格請求書発行事業者の登録申請書等を提出してもらいます。請求書等についてはこの登録番号を含む６つの記載事項が定められていますので、一つひとつ税理士に確認してもらいましょう。また、インボイス制度では、発行した請求書等の写し又はその記録（データ含む）について７年間の保存義務が課されていますので、保存ルールを相談しましょう。

消費税の計算方法についても、税理士に相談し、納税額が最も少なくなる方法を選択するようにしてください。

2－4 中大企業等で自ら決算・申告している場合

自らインボイス制度導入の絵を描き、会社全体（場合によってはグループ会社を含め）の体制を整備しましょう。はじめに販売・営業部門と購買・仕入部門、そして経理部門の３区分それぞれにゴールを設定します。

販売・営業部門は販売先にインボイスを交付できるよう準備します。

購買・仕入部門は次の準備をします。

・決算・申告ができるよう、取引にインボイス制度に係るフラグを設定するシステム対応を行う

・仕入先の選定ルールを作り、コストの負担者を決める

・事務フローを変更し、従業員に周知する

・請求書等の保存ルールを作る

経理部門は決算・申告可能な体制を整備し、計算方法の選択等消費税の負担の最小化を検討します。

2－5 税理士（記帳代行）の場合

インボイス制度についてクライアントに理解してもらうよう努め、クライアントの判断を仰ぎます。そのためには免税事業者と課税事業者による消費税の納税額、コストの違い等も説明が必要になるでしょう。簡易課税や全額控除の選択等も含め、消費税の負担が最小となるような提案も必要です。選択の届け出は適用しようとする事業年度の前事業年度の末日までに必要なものが多いため、スケジュールにも注意が必要です。

クライアントがインボイス制度導入を選択した場合は、クライアントの請求書等がインボイス制度の要件を満たすようサポートし、交付した請求書等の写し及び受領したインボイスを７年間保存するよう指導します。また、税理士自身がクライアントの決算・申告ができるようフラグを決定し、クライアントから預かった請求書等を経理システムに記帳する際、そのフラグも付与します。

2−6 税理士（中大企業等のサポート）の場合

基本的には全てクライアント側で対応されますが、支援を要請されるケースも考えられるため、ある程度イメージを持っておくことが必要です。

免税事業者との取引に係る経過措置の適用の有無とシミュレーションなど、消費税がコストとなる要因は押さえておくと良いでしょう。

決算・申告に必要なインボイス制度に係るフラグは、クライアントのニーズに合わせアドバイスしましょう。

経理部門が社内調整をしやすいよう、経理部門をサポートする方法を考えておくと良いでしょう。

課税売上割合が大きく変動する非課税売上（土地や有価証券の譲渡など）により、消費税のコストが変わるため、リスクとして認識してもらうと良いでしょう。

コラム　目黒の支那ソバかづ屋は、店内で作る自家製のツルツル麺に魚介系の出汁による醤油系ラーメン。お昼を食べそびれた２人は支那ソバで遅いランチ中。

大鳥課長：このスープは絶品だな。

貴船くん：そう思います。ところで当社は自分で決算・申告していますし、経費管理システムとかもあるので一番大変なパターンですね。

大鳥課長：そうなんだ。一番のネックはシステム開発と事務フローの変更だな。

貴船くん：税理士さんにサポートしてもらう訳にはいかないんですか？

大鳥課長：ケースバイケースかな。結局、自分たちが必要な情報を決定し、その情報が入手できる体制を整備することが必要になるが、そこは自分たちでやらないと。

貴船くん：なるほど。ところで電子帳簿保存法が改正されて、電子取引に係る請求書等の保存ルールが法人税と消費税で異なるという記事を読みましたが、今回は一緒に考えなくて良いですか？

大鳥課長：ちゃんと電帳法までフォローしているなんて偉いぞ！電帳法は令和４年１月１日から強制適用されるだめ、それを踏まえてインボイス制度の整理をしないといけなくなるな。

貴船くん：あと３ヶ月しかないじゃないですか。間に合うのですか？

大鳥課長：法律が通っている以上、間に合わないという問題ではないしな。

貴船くん：私の脳は既に拒絶しています。

大鳥課長：なんだそれは（苦笑)。今回のインボイス制度への対応で証憑の洗い出しを行うため、少し期限を速めて前倒しで調査しないといけないな。

3 ゴールの設定

3－1 販売・営業部門のゴール

販売・営業部門にとっては、販売先が二重課税とならないよう、インボイス制度の要件を満たす請求書等を交付することがゴールです。このゴールを達成するためにクリアすべき課題は次の通りです。

① 販売先との取引を全て洗い出す

② 上記①について、請求書等を交付しているもの（システム作成、メール、PDF、手書きなど）や交付していないもの（口座引落し、カード決済など）を整理する

③ 上記②の請求書等の端数処理方法を確認する

④ 上記①の全ての取引ついて、インボイス制度の要件を満たす方法を決定する

⑤ 交付した請求書等の写しを７年間保存するルールを作成する

以下、主な項目について説明します。

3－1－1　端数処理

消費税の端数処理は、切上げ、四捨五入、切捨てを任意に選択することが認められていますが、インボイス制度導入によりひとつルールが追加されました。1枚のインボイス上での端数処理は、合計欄での1回のみにするというものです（新消令70の10）。

請求書等は1つの取引ごとに発行するケースもあれば、一定期間の取引を1枚の請求書等にまとめて発行するケースもあります。また、食料品のように一度に多品目の商品を販売するような場合、総額表示の義務化もあり、個々の商品ごとに端数処理を行っています。これについても1枚の請求書等上は、税率ごとに1回の端数処理と限定されました。

1つの取引ごとに請求書等を発行するケースは問題ありませんが、一定期間の取引を1枚の請求書等にまとめて発行するケースでは、個々の取引では消費税額を計算することなく、税抜金額を合計して消費税を計算する方法か、個々の取引について納品書等を発行して端数処理を行い、納品書単位で消費税額を計算したものを1枚の請求書等に転記する方法等が考えられます。

消費税は総額表示を要請しており、スーパーなど不特定多数の一般消費者に販売する商品については全て総額表示となっています。インボイス制度導入後は、個別商品の総額表示の金額を足しても、合計額1回で端数処理する金額とは合わないことになります。

個別取引ごとに端数処理をした場合と、今回のインボイス制度が要求する合計で1回のみの端数処理する場合との差額は僅少です。例えば、四捨五入を選択し、10取引を1枚の請求書等で作成する場合、個別取引ごとに端数処理した場合と、合計額に消費税率を乗じて端数処理を1

回のみとする場合とでは金額の多寡にかかわらず、10円以上の差になることはありません。本当にシステム変更の投資をして対応しなければならないのかと思ってしまいますが、ルールとして決定されました。

金額的にほとんど影響がないもののシステム対応の負荷が大きいこのルールに従うべきかどうか悩ましいと思います。従わないという選択をした場合のリスクは、販売先で請求書等がルール違反を理由に否認される可能性があることです。販売先に迷惑をかけるリスク、税務コンプライアンス的に税法の要件に該当しない請求書等を発行することの是非とシステム対応の負荷を天秤にかけて判断することになります。

3－1－2　インボイス制度の要件を満たす方法

インボイス制度の要件を１枚の請求書等に記載する必要はありません。複数の証憑に分けて記載する方法も認められています。

例えば、

・請求書等と契約書

・請求書等と納品書

・銀行口座の引落し記録と契約書

など、組合せはいろいろ考えられます。

会社としてはシステム対応の負荷を減らすべく、既存の証憑を活用したいところです。一方、複数の証憑を管理する手間を避けたいと考える販売先からは、請求書等１枚で実現してほしいと要請される可能性も考えられます。

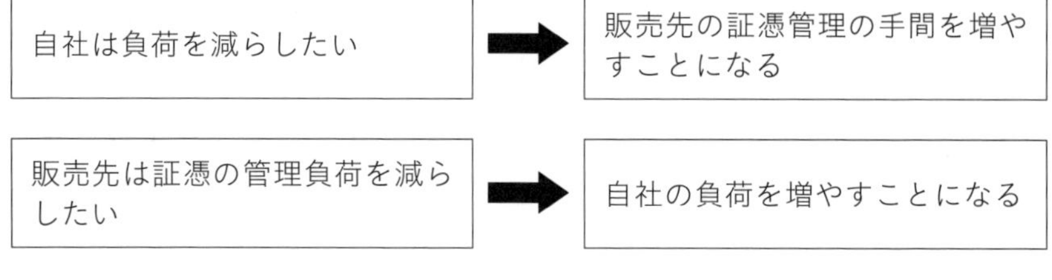

販売先との関係を踏まえ、インボイス制度がスタートした後からではなく、準備段階から検討し、販売先と相談することをお勧めします。

3－2 購買・仕入部門のゴール

購買・仕入部門にとってのゴールは、以下となります。

・決算・申告に必要な情報を経理部門に連携する

・適格請求書発行事業者以外との取引ルールを定める

・事務フロー（証憑の保存ルールを含む）を見直す

このゴールを達成するためにクリアすべき課題は次の通りです。

① 決算・申告に必要なフラグをシステムで管理できるようにする

② インボイスの有無で取引先を見直すか否かを決定する

③ 経過措置の適用を受けるかを決定する

④ インボイスがない取引に係るコストの配賦先を決定する

⑤ 事務フローを見直し、証憑類の保存ルールを決定する

⑥ 仕入明細書の作成、運営ルールを見直す

⑦ 共同仕入れに係る事務フローを再構築する（若しくは止める）

以下、主な項目について説明します。

3－2－1 システムとフラグ

購買・仕入部門で重要なタスクは、決算・申告に必要なフラグ情報を購買システムや経費管理システムなどで持たせ、経理システムに連携することです。

フラグの例としては取引ごとに、

・インボイス……仕入税額控除の対象で証憑あり

・インボイス以外（インボイス不要）……仕入税額控除の対象で証憑

なし

・インボイス以外（免税事業者等）……仕入税額控除の経過措置の対象で証憑あり

の３種類が区別できるようにするものが考えられます。

また、システムでの情報の持たせ方は、

イ．購買システムや経費管理システム等の分散システムと経理システムの両方で持つ

ロ．購買システムや経費管理システム等の分散システムではフラグを持たず、直接経理システムがフラグを持つ

ハ．購買システムや経費管理システム等の分散システムでフラグを持つ一方、経理システムの外側で消費税を管理するためのシステムを構築してそのフラグを連携する

の３種類の対応が考えられます。

イ．は両方のシステムにフラグを管理できるキャパシティが必要であり、開発負荷が発生します。

ロ．は個別取引が経理システムに連携され、そこに経理システムでフラグを立てるという事務の２度手間が発生します。

ハ．は経理システムにフラグを管理できるキャパシティがない場合に、開発負荷を最小限にする方法です。アクセス等を駆使するなどして対応できる可能性はありますが、経理システムとの数字の整合性が取れるようにしなければなりません。

3－2－2　経過措置

インボイス制度導入後一定期間は、適格請求書発行事業者以外の者（消費者、免税事業者又は登録を受けていない課税事業者）からの課税仕入

れについては、仕入税額相当額の一定割合を仕入税額とみなして控除できる経過措置が設けられています。

期　　間	割　　合
令和5年10月1日から 令和8年9月30日まで	仕入税額相当額の80％
令和8年10月1日から 令和11年9月30日まで	仕入税額相当額の50％

この経過措置の適用を受けるためには、次の事項が記載された帳簿及び請求書等の保存が要件とされています。

・課税仕入れの相手方の氏名又は名称
・課税仕入れを行った年月日
・課税仕入れに係る資産又は役務の内容及び経過措置の適用を受ける課税仕入れである旨
・課税仕入れに係る支払対価の額

なお、経過措置の適用を受ける課税仕入れである旨とは、そのことが分かる文言やフラグでも構いません。

この帳簿の記載要件への対応負荷が大きいため、経過措置の適用を受けないという判断もあり得ると考えます。

3－2－3　事務フローの見直し

事務フローのポイントとしては、次の2点を考える必要があります。

・受領した請求書等がインボイス制度の要件を充足しているかのチェック
・インボイス制度の要件を満たす証憑の管理・保存

【事務フローの見直し】

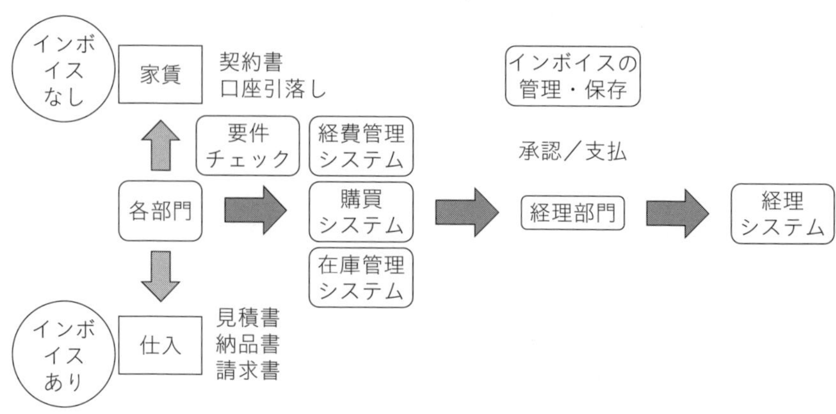

取引をするのは各部門のため、仕入先などから請求書等を受領するのは各部門となります。各部門は受領した請求書等がインボイス制度の要件を満たすものかどうかをチェックします。請求書等の１枚で判別できれば良いのですが、契約書など複数の証憑でインボイス制度の要件を満たすものについては、実際の契約書を締結している各部門がチェックしなければなりません。

その情報が購買システムや経費管理システムなどで入力され、証憑と併せて経理部門に共有されます。その際にどこまでの証憑を経理部門に共有するのかを決めなければなりません。証憑の保存については、税務調査で提示することを想定して管理することが望ましいです。その上で、これらを踏まえた事務フローを再構築する必要があります。

3－2－4 仕入明細書

事業者が販売先に資産の譲渡又は役務の提供を行った場合、事業者から販売先に対して請求書等を交付して支払いを受けるのが一般的なフローですが、その逆のケースがあります。

【仕入明細書】

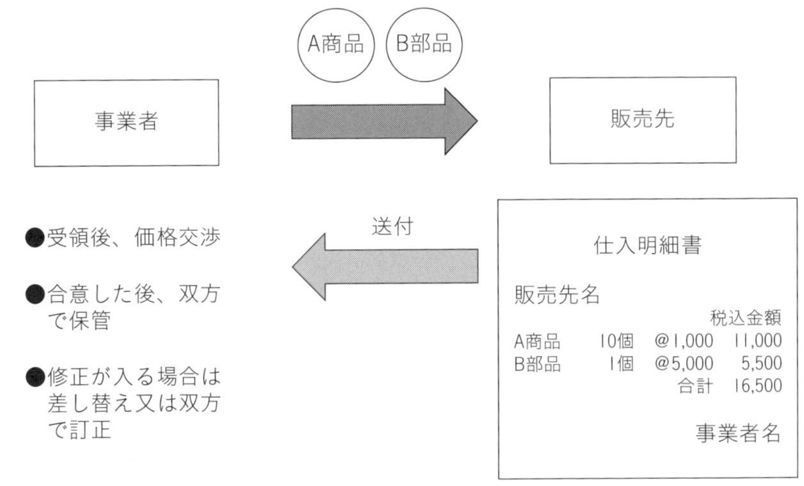

販売先が事業者に対して、代金の支払いにあたり作成して交付するものが仕入明細書と呼ばれています。事業者が内容を確認して問題がなければ、両者がこれを保存して販売と仕入れの証憑とすることになります。単価を巡り事業者と販売先との間で価格交渉が行われる場合は、合意した金額に訂正し、訂正した仕入明細書を改めて取り交わすケースもあれば、双方で赤字訂正したものを保存するケースもあります。適格請求書等保存方式（インボイス方式）では、受領側で修正することが認め

られていないため、修正した仕入明細書を改めて取り交わす必要があると考えられます。

仕入明細書は一般的なフローとは異なり、販売先から事業者に交付されるため、事業者の確認を受けたものに限られています（新消法30⑨三）。

相手方である事業者の確認を受ける方法としては、

・電子メール等で送付し、相手方から確認の通知を受ける方法
・送付後一定期間内に連絡がない場合には、記載内容の通り確認があったものとする基本契約等を締結する方法
・仕入明細書に「送付後一定期間内に誤りのある旨の連絡がない場合には、記載のとおり確認があったものとする」旨の文言を付した通知文書等を添付して送付し、相手方の了承を得る方法

などがあります。

3－2－5　共同仕入れ（立替払い）

下図購入者A1～A3社等複者分の経費を一括してB社が立替払いしている場合、原則として、B社は仕入先であるC社から受領した適格請求書をコピーして交付するとともに、立替金精算書を作成して交付する必要があります。

【共同仕入れ】

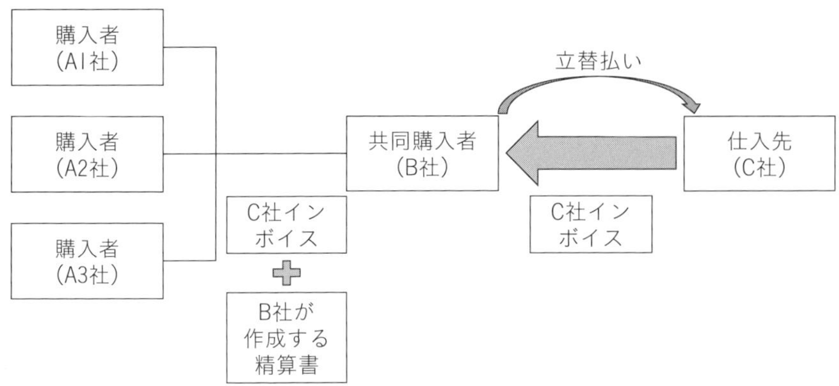

立替払いを行ったＢ社が、コピーを交付することが困難なときは、Ｂ社が仕入先Ｃ社から交付を受けた適格請求書を保存し、立替金精算書を交付することも認められます。

なお、この場合にはその立替金が仕入税額控除可能なものかどうかを明らかにし、適用税率ごとに区分するなど、立替えを受けた者が仕入税額控除を受けるにあたって必要な事項を立替金精算書に記載する必要があります。

このケースでは共同仕入れという整理ではなく、Ｂ社が仕入れ、A1社、A2社そしてA3社に販売したと整理する考え方もあります。この場合、仕入れと販売という通常の業務フローに載せることができるため、Ｂ社が立替金精算書を作成する必要はありません。この方法は消費税上問題ありませんが、会計上認められるかという点と、Ｂ社の課税売上割合が100％でない場合に追加コストが発生するという点に、注意が必要です。

3－3　経理部門のゴール

経理部門にとっては、決算・申告に必要なデータを収集できる仕組みを作るのが最重要課題です。その他、税務調査を見据えた証憑の保存や繰延消費税（法人税）の処理を変更する必要があります。

このゴールを達成するためにクリアすべき課題は次の通りです。

①　決算・申告に必要なフラグを決定する

②　フラグを入力するシステムを決定し、データの入手を可能にする

③　税務調査でインボイス等を提示できる仕組みを決定する

④　繰延消費税に係る経理処理又は法人税の処理を変更する

以下、主な項目について説明します。

3－3－1　フラグの選定

これまで消費税については、消費税区分が判別できるフラグのほか、適用税率の情報を分散システムや経理システムに持たせていました。インボイス制度導入により決算・申告するために必要と考えられるフラグとしては、仕入税額控除の適否が判別できるフラグの他、軽減税率と経過措置を区分して管理できるフラグ、そして経過措置の適用の有無を判別できるフラグ等があります。

現状の軽減税率は８％のみですが、将来的には複数の軽減税率が適用される取引が発生することも予想されますので、将来を見据えた対応も検討してください。

【フラグの選定】

＜個別紐付き＞
・課税売上獲得のための課税仕入れ
・非課税売上獲得のための課税仕入れ
・共通売上獲得のための課税仕入れ

現在のフラグ等

① 消費税区分（課税、免税、非課税、対象外）
② 適用税率（更なる複数税率化を見据えて、税率ごとの集計が可能な仕組みを）

インボイス制度導入により検討すべきフラグ

③ 仕入税額控除の適否
（相手が適格請求書発行事業者かどうか）

④ 軽減税率（足元は食料品、新聞のみ）
経過措置（税率変更）の税率
（現状３％、５％、８％）
経過措置（仕入税額控除）の割合
（80％、50％）

３－３－２　税務調査で提示する必要があるもの

インボイス制度は必ずしも請求書等１枚でインボイス制度の要件を満たす必要はなく、複数の証憑の組み合わせで満たすことも認められています。税務調査官からインボイスの提示を求められた際、保存場所がバラバラだとそれらの資料を収集し、提示することは大変な作業となることが予想されます。少なくとも、インボイスの要件を満たす証憑とその保存場所が分かる仕組みを構築しておかないと、税務調査にて経理部門や購買・仕入部門等に負荷が発生する可能性があります。

税務調査を前提に、インボイスの要件を満たす証憑のフラグを各仕訳へ付すとともに、その証憑の保存ルールを決めておくのが望ましいです。

3－3－3　繰延消費税の処理変更

消費税にインボイス制度が導入されることにより、法人税の取扱いも変わります。令和３年改正消費税経理通達関係Q&A（令和３年２月　国税庁）にて、インボイス制度導入後の法人税の所得計算上の消費税等の取扱いが公表されました。ポイントは法人税では、適格請求書発行事業者以外の者からの仕入れの際に支払う仮払消費税（経過措置の適用を含む）のうち、仕入税額控除の適用を受けられない消費税を取引の対価の額に算入して法人税の所得計算をすることが明らかにされました。

なお、繰延消費税に関する取扱いはこのQ&A等から考えると次の取扱いになると考えますが、現時点では明示されていません。今後、国税庁の説明に注意する必要がありますので、ご留意ください。

【法人税上の消費税の取扱い】

【前提】
一括比例配分方式を採用、課税売上割合70％
課税仕入れに係る仮払消費税500万円（本体価格5,000万円）
うちソフトウエアに係る仮払消費税300万円（本体価格3,000万円）
うち経費に係る仮払消費税200万円（本体価格2,000万円）
課税売上に係る仮受消費税700万円

(1)　全てインボイスを受領

控除対象外消費税	150万円	500万円×(1－70%)
うち繰延消費税	90万円	300万円×(1－70%)
うち経費	60万円	200万円×(1－70%)

（消費税）

① 仕入控除税額　350万円＝500万円×70％

② 納付税額　350万円＝700万円－①

③ 手元預かり額　200万円＝700万円－500万円

④ 不足額（③－②）　▲150万円

（会計・法人税）

ソフトウエア資産　3,000万円

繰延消費税　90万円

経費　60万円

消費税の不足額150万円が繰延消費税90万円、経費60万円に分解。

（仕訳）

（借）	仮受消費税	700	（貸） （貸）	仮払消費税 未払消費税	350 350
（借） （借）	消費税（経費） 繰延消費税	60 90	（貸）	仮払消費税	150

（2） ソフトウエアについてのみインボイス以外を受領（経過措置の適用なし）

控除対象外消費税	60万円	200万円×（1－70％）
うち繰延消費税	0万円	
うち経費	60万円	200万円×（1－70％）

（消費税）

① 仕入税額控除　140万円＝200万円×70％

② 納付税額　560万円＝700万円－①

③　手元預かり額　200万円＝700万円－500万円

④　不足額（③－②）　▲360万円

(会計・法人税)

ソフトウエア資産　3,300万円

繰延消費税　0万円

経費　60万円

消費税の不足額360万円がソフトウエア資産の取得に係る付随費用300万円と経費60万円に分解。

(仕訳)

（借）　仮受消費税	700	（貸）　仮払消費税 （貸）　未払消費税	140 560
（借）　消費税（経費） （借）　ソフトウエア	60 300	（貸）　仮払消費税	360

（3）　ソフトウエアについてのみインボイス以外を受領（80%の経過措置の適用あり）

控除対象外消費税	132万円	(300万円×80%＋200万円)×(1－70%)
うち繰延消費税	72万円	300万円×80%×(1－70%)
うち経費	60万円	200万円×(1－70%)

(消費税)

①　仕入税額控除　308万円＝(300万円×80%＋200万円)×70%

②　納付税額　392万円＝700万円－①

③　手元預かり額　200万円＝700万円－500万円

④　不足額（③－②）　▲192万円

（会計・法人税）

ソフトウエア資産　3,060万円＝3,000万円＋300万円×（1－80％）

繰延消費税　72万円＝300万円×80％×（1－70％）

経費　60万円＝200万円×（1－70％）

消費税の不足額192万円がソフトウエア資産の取得に係る付随費用60万円、繰延消費税72万円、そして経費60万円に分解。

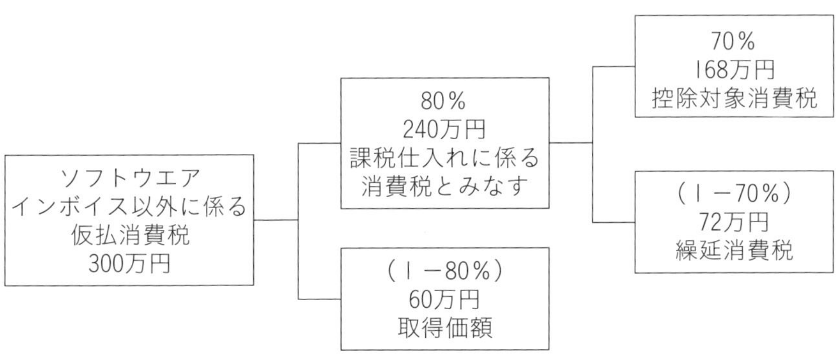

（仕訳）

（借）	仮受消費税	700	（貸）	仮払消費税	308
			（貸）	未払消費税	392
（借）	消費税（経費）	60	（貸）	仮払消費税	192
（借）	繰延消費税	72			
（借）	ソフトウエア	60			

控除対象外消費税とは、消費税上、仕入税額控除の対象とはならないものの、法人税では支払った年度に全額損金にすることができるものです。ただし、固定資産等に係る控除対象外消費税については、当該控除

対象外消費税が1単位あたり20万円以上の場合、課税売上割合によっては支払った年度に全額損金処理が認められず、60ヶ月での償却が必要となります。これが繰延消費税です。

上記例では、インボイス以外を受領した場合のソフトウエア資産の取得価額と控除対象外消費税の費用認識時点が異なることになるので注意が必要です。

3－3－4　インボイス制度と決算処理

決算処理がインボイス制度の導入により、どのように変わるかを押さえておきましょう。

【前提条件】

・売上に係る仮受消費税300（うち課税売上(A)200、非課税売上(B)0、共通売上(C)100）

・仕入れに係る仮払消費税70（うち課税売上対応(a)40、非課税売上対応(b)10、共通売上対応(c)20）

・仕入れに係る仮払消費税70のうちインボイス以外18（課税売上対応10、共通売上対応8）

・課税売上割合95％、みなし仕入率50％

【売上と仕入れに係る消費税の対比】

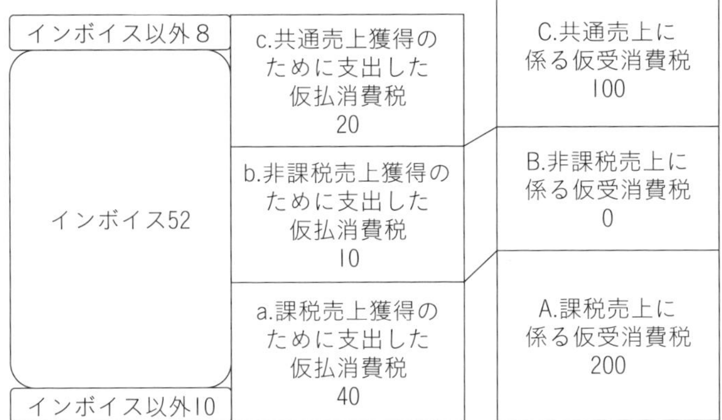

（1）　全額控除の仕訳

インボイス導入前

（借）　仮受消費税　300	（貸）　仮払消費税　70 （貸）　未払消費税　230
（借）　消費税　0	（貸）　仮払消費税　0

インボイス導入後

（借）　仮受消費税　300	（貸）　仮払消費税　52 （貸）　未払消費税　248	インボイス
（借）　消費税　18	（貸）　仮払消費税　18	インボイス以外（10＋8）

(2)　個別対応方式の仕訳

インボイス導入前

(借)　仮受消費税　300	(貸)　仮払消費税　59 (貸)　未払消費税　241	(40＋20×0.95)
(借)　消費税　11	(貸)　仮払消費税　11	(10＋20×(1－0.95))

インボイス導入後

(借)　仮受消費税　300	(貸)　仮払消費税　41.4 (貸)　未払消費税　258.6	(30＋(20－8)×0.95)
(借)　消費税　28.6	(貸)　仮払消費税　28.6	(10＋10＋8＋(20－8)×(1－0.95))

(3)　一括比例配分方式の仕訳

インボイス導入前

(借)　仮受消費税　300	(貸)　仮払消費税　66.5 (貸)　未払消費税　233.5	(70×0.95)
(借)　消費税　3.5	(貸)　仮払消費税　3.5	(70×(1－0.95))

インボイス導入後

(借)　仮受消費税　300	(貸)　仮払消費税　49.4 (貸)　未払消費税　250.6	(52×0.95)
(借)　消費税　20.6	(貸)　仮払消費税　20.6	(10＋8＋52×(1－0.95))

（4） 簡易課税方式の仕訳

みなし仕入率を50％とします。

インボイス導入前・後

（借）	仮受消費税	300	（貸）	仮払消費税	70	
			（貸）	未払消費税	150	（300×50％）
			（貸）	雑収入	80	

コラム 飯田橋の髙はしはシンプルなスープの中に奥深い味わいがくせになるお店。刻み葱がたっぷりの名物ワンタンメンを堪能する２人。

大鳥課長：ゴールのイメージはできたか？

貴船くん：経理システムとか分散システムとかチンプンカンプンです。

大鳥課長：IT 部門の人に聞いて回るしかないな。

貴船くん：皆さんお忙しいので、なかなか聞きずらいのですが。

大鳥課長：IT 部門の人もインボイス制度の重要性をちゃんと理解してくれたら、丁寧に教えてくれるはずだよ。

貴船くん：遠慮してはダメなんですね。

大鳥課長：そのとおり。貴船くんがインボイス制度の必要性を的確に伝え、ゴールのイメージを伝えることが大切。そのゴールを実現するために、どこまでだったらシステムでカバーできて、どこまでは運営でカバーするのか、という役割分担のイメージもしやすくなるから。

貴船くん：経理部門のゴールが結構難しいと思いました。決算、申告に必要な情報を決めるためには、どの方法を選択するのかを決めないと無理ですよね。

大鳥課長：どの方法を選択するかで必要な情報が異なる。全てに対応できるよう網羅的に情報を持つのか、必要最小限の情報にするのかなど、まず経理部門の判断が必要になるね。

貴船くん：それをするのは自分ですか？

大鳥課長：そうなるな。会社の規模で選択肢は異なるので、まずそこから絞っていこう。

貴船くん：誰か助けて！

4 サクセスロードを進む

4－1 一歩を踏み出す

消費税は誰もが経理部門のタスクと認識しているため、インボイス制度については経理部門が社内各部門にアプローチしないことには動き出しません。会社全体で取り組むべき課題の場合、PMO（プロジェクトマネジメントオフィス）役を作り、みんなが道に迷わないようにして期限までに目的地に到達させなければなりません。

PMO に期待される主な役割としては、

・ゴールの設定と共有

・スケジュール感の共有

・タスクの設定と対応結果のフォロー

・アドバイスと判断

などが挙げられます。

そう考えると、今回 PMO になり得る存在は、消費税の全体を俯瞰できる経理部門しかありません。そこで、経理部門が PMO 役を担う前提で、インボイス制度導入へのサクセスロードを進む際の注意点を考えてみます。

4－1－1　社内は大騒ぎ

インボイス制度への対応について社内で協力を呼び掛けた際に、どのような反応が予想されるか想像してみます。

（経営企画部門）

税はコストであり、これをミニマイズするのが経理部門の職務。

利益の増加又は費用の削減が見込める投資以外はシステム予算の付与は難しい。

できるだけお金をかけず対応する工夫をしてほしい。

各システムには保守枠というメンテナンス予算を付与してあるので、まずはそれを活用することを考えて欲しい。

（営業・販売部門）

税は経理部門のタスクであり、何とかするのを考えるのも経理部門。

指示されたことには協力するので、必要なことは相談してほしい。

ただ、売上を伸ばして利益を稼ぐのが営業の仕事であり、インボイス制度への対応をしたからといって売上の目標値が下がるわけではない。少しでも節税できて、それが部門収益にカウントしてもらえるのなら話は別だが。

システム予算の保守枠を提供しろと言われれば考えるが、順番待ちのタスクの中に割り込ませるのは相当厳しい。

（購買・仕入部門）

税は経理部門のタスクであり、何とかするのを考えるのも経理部門。

指示されたことには協力するが、当然リソースの問題もあるので、できることとできないことがある。

二重課税といっても、消費税の負担は会社全体のコストになっているので、インボイスが入ったからといって、この部分は購買・仕入部門のコストと言われても納得いかない。
　システム予算の保守枠を提供しろと言われれば考えるが、順番待ちのタスクの中に割り込ませるのは相当厳しい。

(IT 部門)
　システムを所管している各部門の指示により動いているので、経理部門からではなく、システムを所管する部署を通じて相談して欲しい。
　システム対応には、予算と開発期間と要件定義、最後にはテストとユーザーによる検証作業が必要になるほか、開発要員確保が難しい。余裕を持って早めに相談頂きたい。

(経理部門)
　販売・営業部門にとってインボイス制度は、販売先に迷惑をかける話。
　購買・仕入部門にとってインボイス制度は、仕入れコストが増加し、会社に損害が発生する話。当然、各部門が我が事として取り組むべき課題。
　税は何でも経理部門と言われても、経理部門では各現場の状況が分からない。各部門はインボイス制度への対応を我が事と捉えて、真剣に取り組んで欲しい。

PMO はこのような人たちを一つにまとめ、ゴールまでけん引しなければなりません。

4－1－2　準備は用意周到に

最初の課題は、インボイス制度導入が及ぼす影響を社内で正しく理解してもらい、各部門に自分が対応すべき重要な課題と認識してもらうことです。そして、インボイス制度の導入対応をスムーズに推進するため、相談しながら一緒に検討しましょう。

各部門が主体的に推進していくために重要なことは、経営陣から各部門に、トップダウンで本件に係るタスクを指示してもらうことです。

そのために経理部門は、インボイス制度は会社全体として取り組むべき課題であることを経営陣に認識してもらうことが必要です。

これにより、経理部門に錦の御旗ができるため、その後のプロジェクトが格段に進めやすくなります。また、各部門の課題として認識されるため、各部門の担当者が動きやすくなるだけでなく、適正に評価されるため、担当者のモチベーションも上がります。

この成果を部門収益にカウントするよう経営企画部門と交渉するのも、各部門のより積極的な協力を得るための方法です。

経営陣へ説明する際には、仕組み（人）だけでなく、システム開発予算（お金）についても触れておきましょう。個別システムごとに予算を確保しようとすると、何故その対応が必要なのか、その投資が部門利益にどの程度貢献するのか、などの説明を求められる可能性があり、各部門で対応することは困難です。

インボイス制度の導入対応で最大の難関はシステム対応であり、そのための予算獲得は重要なタスクです。開発予算を各部門で確保する場合、必要性を的確に説明できる資料を経理部門で作成し、提供するのもお勧めです。インボイス制度への対応の必要性、重要性とそのための対応方針の全体像を示し、会社として的確な判断ができるようサポートして下さい。

4－1－3　グループ会社への指導

最近ではグループ経営を重視し、グループとしての各種ガバナンスの仕組みを親会社主体で構築するケースも増えています。税務ガバナンスもその一つであり、適切な納税や税務当局との適切な関係構築などを宣言する会社もあります。

一方で、親会社本体でさえ税務を担う人材が慢性的に不足しているため、グループ会社へ税務人材を派遣する余裕がありません。その結果、規模が小さい会社ほど人事部長（兼）総務部長（兼）財務部長（兼）税務部長と、何が本職か分からない肩書の方が税務を担当しているケースもあります。当然、税務経験もないため、税金のことは全て顧問税理士や会計事務所に任せきりとなってしまいます。

顧問税理士等は会計や税務を見ていますが、購買や仕入れ、そして販売など会社全体の業務の細部までを見ているわけではありません。

顧問税理士等のアドバイスを待っていては間に合わないケースも考えられます。親会社は、グループ会社が主体的に行動できるよう指導してください。

ちょっと一服

子会社の役員が親会社の元役員だった場合、親会社の現役員へ直接クレームが入ることがあります。その際、親会社の役員が聞いていないという状態は避けたいところです。

親会社の担当者は慌てて報告に行くことにならないよう、適宜状況報告することも大切なタスクです。

4－2　販売・営業部門のアプローチ

4－2－1　アプローチの順序

①　意識付け

販売・営業部門がインボイス制度に適切に対応しないと、販売先に消費税を二重に負担させることになる、という認識をしっかりもってもらうことが重要です。販売先に迷惑をかけることはあってはならないという認識は共有できるため、正しく伝えることで自分たちが対応すべき課題として認識されるはずです。

②　現状の洗い出し

課題を明らかにするためには、全体像を把握することが必要です。販売先に交付している請求書等について、システムで作成しているものから手書きで渡しているものまで、全て洗い出すことが必要です。

ここで漏れがあると作業に手戻りが発生し、混乱しますので、注意してください。

③　インボイスの要件の検討

請求書等ごとに、インボイスの要件をどのようにクリアするのかを検討します。値引きや返品などで対価の返還を行う場合は、適格返還請求書という新しい書式も必要になるかもしれません。また、納品書と契約書でインボイスの要件をクリアすると意思決定したとしても、販売先から請求書等１枚でインボイスの要件をクリアして欲しいと要望される可能性もあります。

これらの対処についても同時に考えましょう。

④ 保存義務

インボイス制度では、インボイスを発行した側にも７年間のインボイスの保存義務が課されます。インボイスそのものでなく、データでも良いとされていますので、どのような形で保存するのかを検討しましょう。

これらの一連の作業は、IT 部門の協力が必須です。当初から IT 部門と連携し、対応してください。

４－２－２ 現状の洗い出し

下表は会社の現状を洗い出す際の作業用フォーマットの一例です。販売先に商品やサービスを提供し、販売代金を回収するために何を交付しているのかという視点で整理します。

現状を洗い出す作業は、対応方針を決める際の出発点となるため重要です。販売・営業部門が作業しやすいよう工夫してください。

【請求書等の発行状況調査表の例】

	システムで作成		システム以外で作成		作成せず	
	商品・サービス	会社名	商品・サービス	会社名	商品・サービス	会社名
請求書のみ						
領収書のみ			出張販売	個人・法人		
メールによる請求書			年会費	個人・法人		
納品書＋カード請求	○○商品	楽天サイト				
納品書＋請求書						
契約書＋口座引落し			○×保守料	××（株）		
値引きや返品あり	○○商品	楽天サイト				
仕入明細書					▲▽部品	△○（株）

4－2－3　インボイスの要件を満たす作業

下表は洗い出し作業の後、一つひとつの請求書等がインボイスの要件を満たすためには何が必要かを整理するための作業用フォーマットの一例です。

【修正・追加項目の確認表の例】

インボイスの要件	○○商品	○×保守料	▲▽部品	…
① 発行者の氏名又は名称及び登録番号	×	×	× 販売先で対応	
② 課税資産の譲渡等を行った年月日	○	× 口座履歴で○	○	
③ 課税資産の譲渡等に係る資産又は役務の内容	○	○	○	
④ 税抜金額又は税込金額を税率ごとに区分して合計した金額及び適用税率	○	×	○	
⑤ 税率ごとに区分した消費税額等	○	×	○	
⑥ 書類の交付を受ける事業者の氏名又は名称	○	○	○	

複数税率を管理できる仕組みをこのタイミングで準備しておけば、将来的に税率引上げと更なる複数税率が導入された際、再び同じようなシステム開発をしなくて済みます。

余裕のある事業者は検討することをおすすめします。

4－2－4 値引きや返品

適格請求書発行事業者には、値引きや返品等、売上に係る対価の返還等を行う場合に、適格返還請求書を交付する義務が課されました（新消法 57 の 4③）。

記載項目は、以下が指定されています。

① インボイス発行事業者の氏名又は名称及び登録番号
② 値引きや返品等、売上に係る対価の返還等を行う年月日と、その対価の返還等の基となった売上等を行った年月日（月単位や〇月～△月分、といった記載も認められます）
③ 売上等に係る資産又は役務の内容
④ 値引きや返品等、売上に係る対価の返還等の税抜価額又は税込価額を税率ごとに区分して合計した金額
⑤ 値引きや返品等、売上に係る対価の返還等に係る消費税額等又は適用税率

当月の売上に係る適格返還請求書に、前月分の値引きや返品等について適格返還請求書の必要事項を記載し、同時に交付することも可能です。

比較的柔軟なルールのため、国税庁のQ&A問51をよく確認してください。

4－2－5　データの保存義務

適格請求書発行事業者には、交付したインボイスの写し及び提供したインボイスに係る電磁的記録の保存義務が課されました（新消法57の4⑥）。

保存期間はインボイスを交付した日等の属する事業年度の末日の翌日から2か月を経過した日から7年間です。

保存場所は納税地又は当該取引に係る事務所、事業所その他これらに準ずる場所です。

交付したインボイスの写しとは、交付した書類そのものを複写したものに限らず、データ等そのインボイスの記載事項が確認できる情報が記

録されているものでも良いとなっています。例えば、適格簡易請求書の場合はレジのジャーナルのようなものから、複数のインボイスの記載事項に係る一覧表や明細表でも可とされていますので、保管方法については比較的柔軟に、確認できれば良いと考えられます。ただし、容易に検索でき、取引と紐付けることができる必要があります。

4－3　購買・仕入部門のアプローチ

4－3－1　アプローチの順序

①　意識付け

インボイスが入手できない取引は仕入れコストが10％アップになる、という認識をしっかりもってもらうことが重要です。コスト管理は購買・仕入部門にとっては至上命題ですので、正しく伝えることで自分たちが対応すべき課題として認識されるはずです。

②　チェック体制

請求書等がインボイスの要件を満たすことをチェックするかどうかを検討しましょう。

チェックする場合は、そのチェック業務を担う体制が必要になります。主要なチェック項目は限られていますので、マニュアルさえあれば誰でも可能です。

取引頻度の高い親密先は一度チェックすればほぼ問題ないため、取引頻度の低い取引先や新しい取引先については、最初のうちのみチェックすることも考えられます。

③　保管ルール

税務調査でインボイスの提示を求められた際、請求書等１枚でインボイスの要件を満たす場合はそれを提示するだけですので、特に問題ありません。「契約書」と「口座記録」など複数の証憑でインボイスの要件を満たす場合、それを税務調査で提示するために右往左往しなくても済むような仕組み作りが重要です。

④ フラグの設定

インボイスの有無、経過措置の適用の要否などを判別するフラグがなければ、経理部門は決算・申告することができません。フラグを設定するシステムの選定と、フラグの定義が最も負荷が大きいと考えます。最終的に経理システムで集約してデータを持つのかも含めて検討する必要があります。

⑤ 社内ルールの構築

✓ インボイスを発行しない事業者との取引を認めるか
✓ 認める場合は、その取引による消費税コストの増加分を誰のコストにするのか
✓ 意図せずしてインボイスを発行しない事業者と取引をしてしまった場合の取扱い

等を決めておきましょう。

ちょっと一息

消費税コストを各部門に配賦することが困難なため、経営管理部門の共通コストと認識している会社の場合、インボイス制度の導入を機に、各部門に消費税コストを配賦することが考えられます。インボイスによる調達コストの増加を抑えるという成果を購買・仕入部門に紐付けて評価する仕組みを作れば、各部門のモチベーションも上がり、積極的な取組みが期待できます。

もうちょっと一息

適格請求書発行事業者が発行する請求書等であっても、形式不備でインボイスと認められない可能性もあります。特に、インボイス制度導入直後は混乱が予想されます。

一方、形式不備についても経過措置の適用が受けられる可能性もあるため、判別できるようにしておくことをお勧めします。

4－3－2　現状の洗い出し

下表は現在の仕入先を整理する作業用フォーマットの一例です。この作業をすることで、対応すべき課題が明確になります。

購買・仕入部門が作業しやすいよう工夫してください。

【仕入先との取引状況調査表の例】

<table>
<tr><th colspan="2"></th><th>商品・サービス</th><th>会社名</th><th>年間取引額概算</th><th>担当者</th></tr>
<tr><td colspan="2">免税事業者</td><td>税務アドバイス</td><td>凸凹税理士事務所</td><td>50万円</td><td>息栖</td></tr>
<tr><td rowspan="8">免税事業者以外</td><td>請求書のみ</td><td></td><td></td><td></td><td></td></tr>
<tr><td>領収書のみ</td><td>展示販売商品</td><td>個人・法人</td><td>5万円</td><td>鞍馬</td></tr>
<tr><td>メールによる請求書</td><td>年会費</td><td>個人・法人</td><td>3万円</td><td>香取</td></tr>
<tr><td>納品書＋カード請求</td><td>○○商品</td><td>楽天サイト</td><td>40万円</td><td>大鳥</td></tr>
<tr><td>納品書＋請求書</td><td></td><td></td><td></td><td></td></tr>
<tr><td>契約書＋口座引落とし</td><td>○×保守料</td><td>××（株）</td><td>20万円</td><td>貴船</td></tr>
<tr><td>値引きや返品あり</td><td>○○商品</td><td>楽天サイト</td><td>4万円</td><td>大鳥</td></tr>
<tr><td>仕入明細書</td><td>▲▽部品</td><td>△○（株）</td><td>600万円</td><td>鹿島</td></tr>
</table>

4－3－3　仕入先へのヒアリング

インボイスを発行するための登録事業者となる申請手続きが令和3年(2021年) 10月1日から開始されます。このタイミングで仕入先にヒアリングし、確認することもお勧めです。会社の方針も伝え、お互いにインボイス制度への対応方針を会話するなど、一方的に通告するのではなく、対話が大切です。

ただし、突然免税事業者かなどと尋ねると、仕入先の気分を害する可能性がありますので、表現には充分注意して下さい。

《ヒアリング項目》

2023年10月インボイス制度導入後の貴社対応を回答下さい。

(1) 現在、消費税の申告書を提出していますか（回答頂ける場合のみで結構です）　Yes or No

(2) 適格請求書発行事業者の登録をする予定ですか　Yes or No

(3) 弊社との取引に対して、以下のいずれを検討されますか（いずれかに○）

① 一枚で判断可能なインボイスを発行する

② 契約書等を変更し、複数の証憑でインボイスの要件を満たす

③ 未検討

(4) 上記(3)③の検討時期

4－3－4　仕入先の選別

仕入先のうちインボイスを発行しない事業者は、免税事業者、課税事業者でありながらインボイスを発行しない事業者、そして適格請求書発行事業者でありながらインボイスを発行しない事業者の3種類です。

インボイス制度導入後6年間は経過措置の適用がありますが、段階的

に縮小され、なくなります。これらの仕入先との取引をどうするのか検討する必要があります。

① インボイスの交付が受けられない仕入先に対しては、インボイスの交付を働きかけ、ダメなら他の取引先を探す等代替手段を検討する。

② インボイスの交付が受けられない仕入先であっても、適格請求書発行事業者以外の経過措置の適用がある期間は取引をする。

③ インボイスの交付が受けられない仕入先であっても、二重課税（10%コストアップ）を前提に取引を継続する。

④ インボイスの交付が受けられない仕入先に対しては、二重課税を避けるため、現状の本体価格を税込みに切り替えてもらうよう交渉する。

4－3－5　インボイスのチェック体制

会社によって体制の作り方は異なりますが、次の例で考えてみましょう。

（例）請求書払い経費の場合

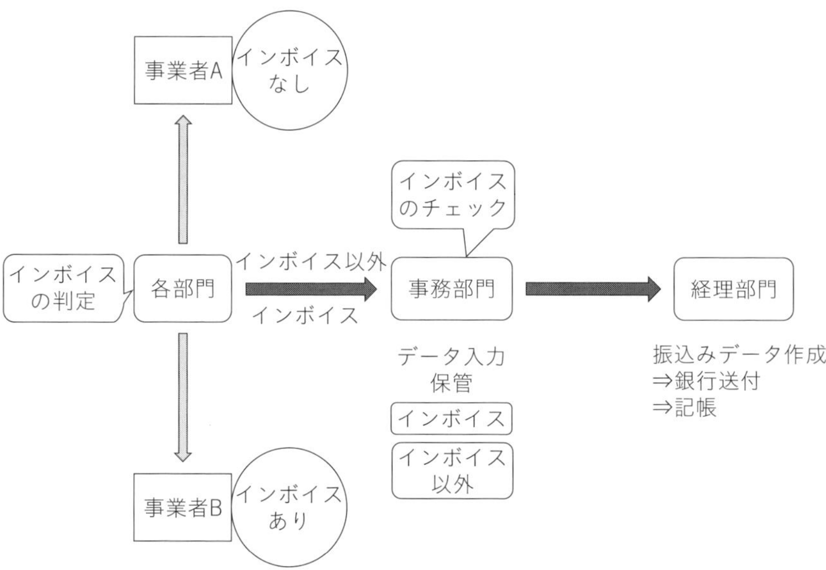

各部門が取引する場合、請求書等は各部門に届きます。支払手続きを事務部門に依頼する際にインボイスの要件を満たしているかを一義的には各部門が判定します。事務部門は支払い手続きを行い、システムに入力し、インボイス等を保管します。ここでチェック機能を持たせるのが、事務フローとしてはベターと考えられます。

チェック項目はインボイスの記載要件である次の６項目です。

① 発行事業者の氏名又は名称及び**登録番号**

② 課税資産の譲渡等を行った年月日

③ 課税資産の譲渡等に係る資産又は役務の内容

④ 税抜金額又は税込金額を**税率ごとに区分して合計した金額及び適用税率**

⑤ **税率ごとに区分した消費税額等**

⑥　購入者である事業者の氏名又は名称

①④⑤の３項目程度であれば、マニュアルさえあれば誰でもチェックすることは可能です。

なお、⑥は現在でも受領者が自分で追記することがありますが、インボイス制度では要件として定義されており、受領者が修正や訂正することは認められないとされました。発行者に記載してもらうルールにしましょう。

4－3－6　保存ルール

税務調査の際、インボイスの提示を求められることが想定されます。

保存ルールがバラバラだと、経理部門だけでなく、購買・仕入部門はインボイスの要件を満たす資料を準備するため、税務調査で右往左往することになります。

最初の段階でルールを整理しておきましょう。

インボイスは、請求書１枚に全ての情報が記載されているとは限らず、次の４種類が混在する可能性があります。

①　仕入先から交付を受けた請求書等のみでインボイスの要件を満たすもの

②　納品書や契約書など複数の証憑でインボイスの要件を満たすもの

③　交通費等インボイスの保管が省略されているもの

④　適格請求書発行事業者以外との取引で経過措置の適用を受けるもの

【調査対応を想定した保存ルールの例】

<table>
<tr><th colspan="2"></th><th>商品・サービス</th><th>現状の保存ルール</th><th>インボイス導入後の保存ルール</th></tr>
<tr><td colspan="2">免税事業者</td><td>税務アドバイス</td><td>契約書の写しを伝票と一体保存</td><td>インボイスの発行を依頼</td></tr>
<tr><td rowspan="8">免税事業者以外</td><td>請求書のみ</td><td></td><td></td><td></td></tr>
<tr><td>領収書のみ</td><td>展示販売商品</td><td>伝票と一体保存</td><td>同左</td></tr>
<tr><td>メールによる請求書</td><td>年会費</td><td>伝票と一体保存</td><td>紙で保存＋メールで保存</td></tr>
<tr><td>納品書＋カード請求</td><td>〇〇商品</td><td>カード請求書を伝票と一体保存</td><td>納品書とカード請求書と伝票を一体保存</td></tr>
<tr><td>納品書＋請求書</td><td></td><td></td><td></td></tr>
<tr><td>契約書＋口座引落とし</td><td>〇×保守料</td><td>契約書</td><td>領収書の発行を依頼</td></tr>
<tr><td>値引きや返品あり</td><td>〇〇商品</td><td>カード請求書を伝票と一体保存</td><td>納品書とカード請求書と伝票を一体保存</td></tr>
<tr><td>仕入明細書</td><td>▲▽部品</td><td>伝票と一体保存</td><td>同左</td></tr>
</table>

個別の仕訳に①から④のフラグを付し、特に②については複数の証憑の写しを一緒に保存することが考えられます。

④適格請求書発行事業者以外であることをどう確認するかという問題もあります。仕入先に確認することが確実と考えられますが、仕入先が自分のステータスを正しく理解していない可能性もありますので、注意して下さい。

4－3－7　社内ルールの検討

インボイスを発行しない事業者との取引については、会社としての方針、ルール等が必要です。

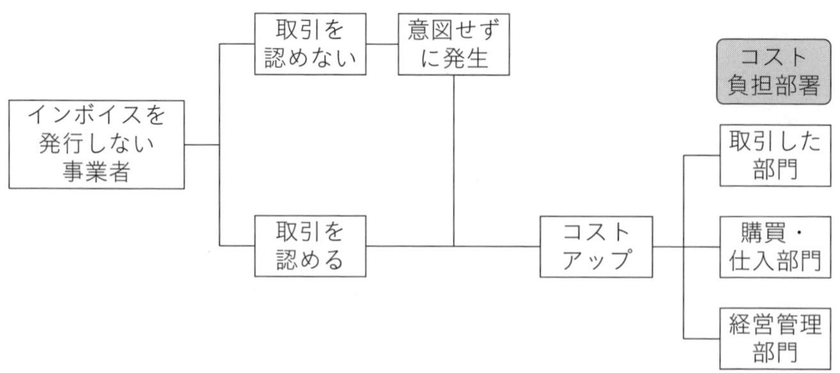

取引を制限しょうとする場合、

・仕入先を探すのが面倒

・仕入先を変えた場合、現状得られているサービスの質が落ちる可能性がある

・仕入先を変えた場合、消費税の負担以上のコスト増になる可能性がある

など様々な不満の声があがるでしょう。

経理部門としては、会社業績への影響は説明できますが、各部門の事業運営まで口を出すことはできません。これを容認するのかどうかを判断するのは経営陣です。

4－4 経理部門のアプローチ

4－4－1　経理部門の体制づくり

消費税はこれまで経理部門のタスクとして認識されてきました。

仮受消費税と仮払消費税を相殺し、納税額を算定して決算・申告するというオペレーションは経理部門が担当するため、仕方ありません。

しかしながら、今回のインボイス対応は経理部門だけがどんなに頑張っても、何ともなりません。インボイス制度の導入により消費税は会社全体の課題となったのです。

【経理部門の体制づくり】

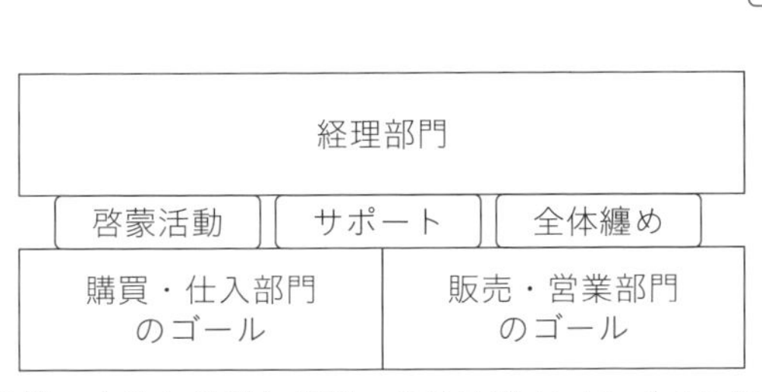
課題解決
●決算・申告に必要な情報を得るためフラグを決め、データ収集の仕組みを作る
●税務調査を見据えた証憑類の保存方法を見直す
●繰延消費税（法人税）の処理を変更する
経理部門
啓蒙活動
サポート
全体纏め
購買・仕入部門のゴール
販売・営業部門のゴール
●決算・申告に必要な情報を経理部門に連携する
●適格請求書発行事業者以外との取引ルールを定める
●事務フロー（証憑の保存ルールを含む）を見直す
●販売先にインボイス制度の要件を満たす請求書等を交付する

販売先に迷惑をかけないように、経理部門は差配できません。

購買・仕入部門の業務についても、どのような基準で誰と何の取引をしているのか、経理部門では分かりません。

経理部門が説明した際、「お前が楽するために俺たちがこんな作業をさせられるのか！」と反発される可能性がある場合は、税理士に協力を仰ぐことをお勧めします。第三者であれば冷静に話を聞いてもらえるはずです。入口でボタンの掛け違いがあると、その後の軌道修正が大変なため、慎重に検討してください。

消費税が導入されて以降、現在までの3%⇒5%⇒8%⇒10%という消費税率引上げ対応については、経験とノウハウがある程度会社内に蓄積されているため、時間さえあれば大きな混乱なく対応できるようになっています。

しかし、インボイス制度は違います。これまでの延長では絶対対応できません。経理部門がインボイス制度について正しい理解と認識を持ち、方針を固め、各部門を適切に導く体制を構築しましょう。

4－4－2　担当者を評価する仕組み

販売・営業部門、購買・仕入部門はそれぞれ自分の業務、タスクを抱えています。

「消費税がみなさんのタスクに追加されます」と経理部門が説明した場合、好意的に受け入れられることはありません。「俺たちが経理部門の仕事をするんだったら、それを評価し、販売部門の数字を上げてくれ。数字のノルマに苦労している中で、数字にならないタスクに経営資源を割けるわけないだろう」と反発を受けます。

インボイス制度への対応は会社全体のタスクですので、経理部門がそれらを背負う必要はありませんが、正論を主張しただけでは感情的に受け入れられないケースもあります。経理部門としてできることがないか探しましょう。

- ✓ **消費税が会社全体のタスクに変わることを各部門長に理解してもらう**
- ✓ **経営陣から各部門に対し対応すべき課題として指示してもらう**
- ✓ **各部門、各担当者が、インボイス制度への対応活動を適切に評価されるよう経営企画部門に働きかけをする**
- ✓ **各部門と定期的にミーティングを実施し、担当者の疑問を解決するようサポートする**

インボイス制度を正しく理解する人を各部門に一人でも作ることができれば、その人を中心に作業は進められます。更に、インボイス対応の重要性を共有してもらえば、部門全体の理解も得やすくなります。

4－4－3 プロジェクトメンバー

「インボイス制度への対応活動の担当者としては、どのような人が適任なのか？」と問われた場合、どう答えますか？

もし私でしたら、できるだけその部門の企画チームの若手を希望します。理由は、

・フットワークが良い

・知らないから、人に尋ねることにためらいがない

・相手が教えてやろうと思ってくれる

・ベテランの場合は言い訳を並べ、なかなか動こうとしない

など、経験不足を上回る効果が期待されます。そして、その人材は税務に対する感度が高くなります。

どんなベテランの方でも、各部門の取引を全て把握している人はほと

んどいません。インボイス対応では、全ての取引を洗い出すところがスタート地点となりますので、忙しい人の間を回って情報を入手できる人の方がスムーズに進みます。

ベテランの方には先入観、思い込みがあります。「まぁこれくらいでいいだろう」という判断が働きます。その結果、全てを洗い出す作業を止めてしまったり、いろいろ理屈を並べて動いてもらえない可能性もあります。

当然、担当者によっても異なるため一概には言えませんが、インボイス制度の導入対応は、時間との戦いのフェーズに入っていますので、人選等で時間をロスしないよう注意してください。

4－4－4　今後の税務調査を見据えた対応

日本では納税者自身が自分の税額を申告し、納税する申告納税制度と、行政側が税額を決定して通知する賦課課税制度があります。消費税や法人税、所得税、相続税など主要な税目は、前者の申告納税制度です。一方、固定資産税や自動車税などは、後者の賦課課税制度です。

申告納税制度では、申告書を提出しても、単に申告書を受け付けたということにしかなりません。税務調査では正しく申告・納税が適切に行われていることを、税務職員がチェックします。税務当局も時間や人が限られるため、毎回テーマを決めてチェックします。

これまでの法人向けの調査では法人税中心という印象ですが、インボイス制度導入後は消費税のウェイトが増加すると考えられます。その理由は、

- ✓　**請求書等がインボイスの要件を具備しているかどうか形式的に判断が可能になる。**

✓ 会社側に疎明する責任があるため、嫌がらせとして使える。
✓ 形式的に判断できるため、税務調査官は一切議論をすることなく否認できる。
✓ 法人税の税収が減少する一方で消費税の税収が増加しているほか、更なる税率引上げも予想される。

消費税の存在感は増大しており、事業者はしっかり体制を整備していくことが重要です。

4－4－5 上司の適切なサポート

インボイス制度への対応は会社全体のタスクであり、一大プロジェクトです。経営陣への報告や他部門との交渉も多く、担当者レベルでは相当厳しい事態が予想されます。何とかなるものではありません。しかも、インボイス制度開始は刻々と近づいています。

担当者レベルの議論⇒持ち帰り、責任者へ報告・相談⇒再調整⇒決定では時間を要してしまいます。

このプロジェクトには、最初から各部門の課長レベルの責任者の積極的な関与が望ましいです。

経理部門の責任者は自分の会社の状況を見極め、担当者が孤立し、時間切れとなることのないように、上司による適切なサポートを検討してください。

コラム 神保町にある秘密の隠れ家「酒どころ0501」。看板もホームページもなく、完全紹介制も敷居は低く、家飲み感覚で大間のマグロに舌鼓を打ちながらゆったりとした時間を過ごす二人。

貴船くん：結局、インボイス制度といっても請求書等に自分の登録番号を追記すれば良いのではなかったですね。

大鳥課長：そのとおり、インボイスはそんな甘い話じゃない。一番の課題はシステムだ。これまでお客さまに交付していなかった取引についても、何らかの対応が必要になるぞ。

貴船くん：まずは現状の調査から始めるんですよね。誰に何を交付しているのかなどを洗い出す作業を。

大鳥課長：誰がその作業をやる？

貴船くん：各部門で実際に取引をしている担当者に協力を要請します。

大鳥課長：協力ではなく、あくまで自分のタスクとして作業してもらうような言い方にしよう。そうしないと言われたことしか対応せず、「指示が悪かった」と後でトラブルになるリスクもあるからね。

貴船くん：各担当者に自分のタスクと認識してもらうためにはどうすれば良いですか。

大鳥課長：的確な説明と対話による説得が必要になるだろうね。

貴船くん：他の会社はちゃんと進んでいるんですかね？

大鳥課長：令和３年４月からスタートした収益認識基準対応で忙殺されていたから、他社もこれからじゃないかな。

貴船くん：僕らは一歩進んでいるくらいですかね。スタートまで残された時間は少なくなっているので、一歩でも前に進みます。

第Ⅲ編

税務担当者が知っておきたい消費税

1　消費税の現状

1－1　消費税と地方消費税

消費税は、国税である消費税と、地方税である地方消費税で構成されています。

私たちは購入した対価の10％（軽減税率8％）を消費税として支払っていますが、それを受け取った事業者は国税7.8％、地方消費税2.2％（軽減税率は国税6.24％、地方消費税1.76％）に分けて納税しています。

実務的には、7.8％で計算した消費税の22／78（2.2％）を、1枚の消費税申告書に、2段に分けて記載するだけです。国（税務署）にまとめて納税していますので、納税者としても地方消費税を意識することはほとんどありません。

地方消費税は平成9年（1997年）、消費税率が3％から5％に引き上げられた際に導入され、当時は消費税（国税）が4％、地方消費税1％でした。

平成6年の税制改革においては、地方分権の推進、地域福祉の充実等のため、地方財源の充実を図ることとし、消費譲与税（消費税収入額の20％）に代えて「地方消費税」が創設され、平成9年4月1日から実施されました。地方消費税の税率は、消費税額の25％（消費税率に換算すると1%相当）とされ、その賦課、徴収等の事務は、当分の間、国が行うこととされています（国税庁　税大講本「消費税令和３年度版」）。

【消費税率】

	平成元年（1989年）	平成９年（1997年）	平成26年（2014年）	令和元年（2019年）
消費税率	3%	4%	6.3%	7.8%（軽6.24%）
地方消費税率	—	1%	1.7%	2.2%（軽1.76%）
合計	3%	5%	8%	10%（軽8%）

1－2 消費税のポジション

約50種類ある日本の税金のうち、税収の約9割が所得税、法人税そして消費税の3つで占められています。

次の表は、それぞれの年度の税収構成比です。下から所得税、法人税、そして消費税となり、一番上がそれ以外の税金です。

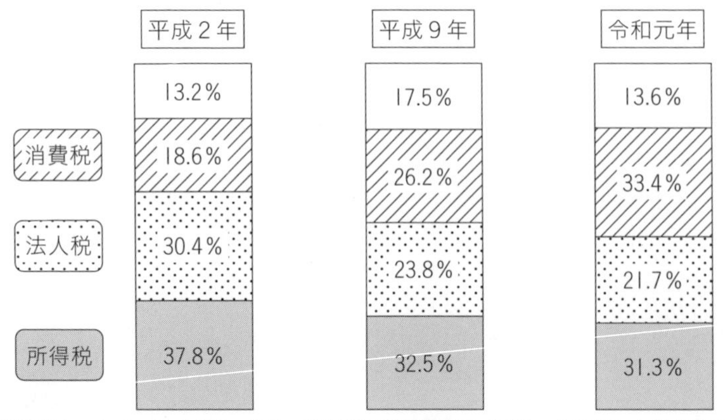

（財務省ホームページ／所得・消費・資産等の税収構成比（国税＋地方税）を参考に作成）

法人や個人の利益に対して課税する直接税と物・サービスの費消等に対して課税する間接税の比率を直間比率といいますが、平成2年当時はおおよそ7対3だったのが、令和元年にはほぼ5対5になっています。

日本に消費税が導入されたのは平成元年（1989年）で税率は3%でしたが、平成9年に5%、令和元年には10%に引き上げられました。その結果、消費税は税収的にも大きなウェイトを占める重要な税金になりました。

その一方で、大きく減少したのは法人税です。

平成2年当時の法人の実効税率は42%でしたが、現在では約30%まで引き下げられています。法人に対する税率引下げが世界的なトレンドとなる中、日本企業の国際競争力維持のため、日本も追随したことによるものです。

マメ知識

実効税率は、法人の利益に対して課される税金の税率合計のことです。法人の利益に対しては、国税の法人税のほか、地方税の法人地方税、事業税等が課され、このトータルの税率となっています。

1－3　消費税の使い道

消費税は法律上、使途が明記されている目的税です。

以前、揮発油税（通称ガソリン税）は道路整備を目的とする税金でしたが、大激論の末に一般財源化されました。一方、消費税の場合はその逆で、一般財源から目的税化されました。

消費税法第１条第２項

消費税の収入については、地方交付税法に定めるところによるほか、毎年度、制度として確立された年金、医療及び介護の社会保障給付並びに少子化に対処するための施策に要する経費に充てるものとする。

平成24年8月に社会保障と税の一体改革の際、消費税率8％への引上げとともに、消費税収入の使途を社会保障経費に限定することが明確化されました。何故消費税はあえて目的税化されたのかを考える必要があります。

出生率が低迷し人口が減少傾向にあり、所得税収の収入増加は期待できません。企業の国際競争力確保の中、法人税率引上げ等による法人税収の増加も期待できません。

そこで注目されるのは消費税です。ところが、消費税率の引上げは、年齢や貧富にかかわらず全ての人に影響するための反発が大きいことが予想されます。一方で、国民の生活を守る社会保障費は必要です。これらの社会保障費を賄うために増税するのであれば、国民の理解が得やすいと考えられたのではないでしょうか。

1－4 消費税収入と社会保障費

次の表は財務省がホームページで公表している消費税の使途で、令和2年度の消費税収の見込みと令和2年度予算が示されています。

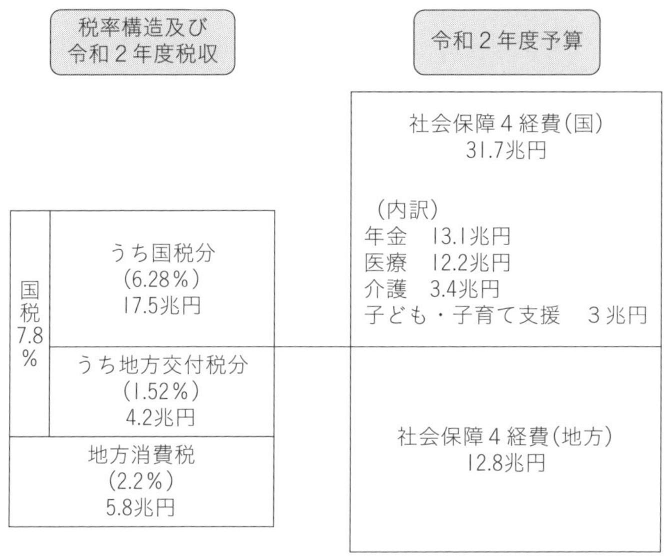

(財務省ホームページ／消費税の使途（令和2年度予算）を参考に作成)

そしてホームページに付されたコメントは次の通りです。

> 社会保障・税一体改革により、消費税率引上げによる増収分を含む消費税収（国・地方、消費税率1％分の地方消費税収を除く）は、全て社会保障財源に充てることとされています。しかしながら、社会保障4経費の合計額には足りていません。

令和元年（2019 年）に消費税率を 10％に引き上げたものの、消費税収は社会保障 4 経費に足りていません。収支のバランスを考えると社会保障 4 経費を削減するか、消費税収を引き上げるしか選択肢はありません。すなわち、消費税率を引き上げる理由がすでに存在しているのです。

当然、不足分を消費税以外で賄うことができれば問題は解決しますが、現実的に不可能です。日本の国家予算はこの社会保障関係を含め、現在 100 兆円超えまで膨張しています。

一方で、消費税を含む税収は 60 兆円程度です。これまでの日本の国の借金が膨らみ続け、現時点での日本の国債と借金の合計は 1,000 兆円を超えています。GDP 比でいうと 250％超、ギリシャが経済破綻した時でさえ 170％といわれています。

慢性的に消費税以外の税収も不足している状態です。

ちなみに消費税率を 8％から 10％に引き上げた際の税収入は、消費税（国税）で約 3 兆円です。現在、社会保障 4 経費に充てられる消費税（国税）は 14.2 兆円不足しているため、その 5 倍の 10％引き上げることで収支のバランスはとれます。

今回のインボイス制度は、日本が消費税のお手本とする EU の VAT のインボイス制度を参考にしています。そして、EU 主要国の VAT の最高税率は 20％前後です。日本の消費税等の税率が 20％になる日は、そう遠くないのではないでしょうか。

1－5 消費税と高齢化社会

社会保障４経費のうち少子化対策は10％に過ぎず、ほとんどが高齢者対策です。

従って消費税は今後の高齢化社会の進展と深くかかわってきますので、日本の高齢化社会の現状を確認しておきましょう。

まず高齢化の定義は、国際比較をする上で65歳以上とされています。したがって高齢化率とは、人口のうちに65歳以上の高齢者が占める割合をいいます。少し古い情報にはなりますが、総務省統計局が国別に比較した資料があります。

（単位：％）

	日本	イタリア	ドイツ	フランス	イギリス	カナダ	アメリカ
1995年	14.6	16.5	15.4	15.1	15.9	11.9	12.6
2005年	20.2	19.5	18.8	16.6	16.0	13.1	12.3
2015年	26.7	22.4	21.2	19.1	17.8	16.1	14.8
2016年	27.3	22.7	21.4	19.5	18.0	16.6	15.2

（総務省統計局ホームページ／「高齢者人口の割合の国際比較」を参考に作成）

日本は1995年では欧米主要国と高齢化率がほとんど変わらなかったのが、その後急激に上昇し、2020年は28.9％まで上昇しています。

さらに将来については、内閣府が公表している「令和２年版　高齢社会白書」では国ごとの推計値が公表されています。どの国も高齢化率が上昇する傾向にありますが、現時点では突出して日本の高齢化率が高いことが分かります。これが更に上昇し、2060年には40％近くまでになると予測されています。

限界集落というコトバがあります。65歳以上の高齢者が50％以上占める集落では、社会的共同生活や、集落の維持が困難になると言われています。日本という国全体が限界集落に近づいていると言うこともできるかもしれません。

【国別の高齢化率予想】

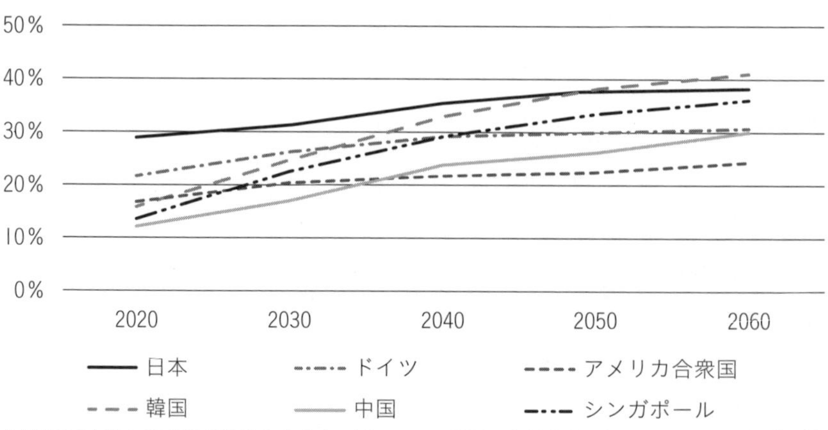

（内閣府「令和2年度版高齢社会白書」の図1−1−6世界の高齢化率の推移のデータを基に作成）

1－6 申告期限の特例

これまで消費税の確定申告は、各課税期間の末日の翌日から2ヶ月以内に提出することとされており、法人税に適用される申告期限の1ヶ月延長は適用されていませんでした。背景としては、法人税の確定申告書は「確定した決算に基づき」行う必要があるため、各事業年度の決算を確定させるための定時総会が2ヶ月以内に招集されない常況にある場合に1ヶ月延長の特例が認められていました。消費税の確定申告書は法人税のように確定した決算に基づき確定申告を行う必要がないというのが、延長を認めてこなかった理由です。

その結果発生したのが、関西電力による消費税納税に関する行政訴訟です。

同社では平成14年度の消費税確定申告について、納税は期限内の2ヶ月以内に行っていたものの、申告書の提出を担当者が失念し、2ヶ月を過ぎてから提出しました。これに対し大阪の北税務署は、申告書が期限後に提出されたとして無申告加算税12億円を追加徴収しました。この賦課決定に対し、同社は期限内に消費税相当額を納付しているにもかかわらず、申告書の提出が遅れただけで過重なペナルティを課すことは不当であると主張しましたが、訴えは棄却されました。

この法人税と消費税の期限の違いによる混乱は、消費税が導入された平成元年から続いてきましたが、令和2年度の税制改正において法人税の提出期限の延長の特例の適用を受けている法人について消費税も1ヶ月延長する特例が創設されました。所轄税務署長に消費税申告書の提出期限を延長する旨を記載した届出書を提出した場合は、その提出をした事業年度に係る確定申告から適用されることとなったのです。

リスクを排除するためにも、法人税の１ヶ月延長の特例の適用を受けている法人は、消費税についても１ヶ月延長の特例の適用を受けることを検討してください。

2 消費税の基本

2－1 消費税と免税店

秋葉原を歩くと家電量販店や薬局などに「免税」、「Tax Free」という赤い紙に白抜きで書かれたポスターを見かけることがあります。

また、海外へ行く際の出国手続き後にDuty Free等の免税店が並んでいます。品揃えの多くはお酒やたばこ、香水や化粧品などです。

Tax Freeで免除される税金は消費税です。

日本国内で消費しないことを条件に、非居住者（日本以外に住所又は居所を有する者）である旅行者等を対象に免除しています。

一方、Duty Freeで免除される税金は、輸入時に課される関税や酒税、たばこ税や消費税などです。空港の免税店では非居住者だけでなく居住者も適用を受けることができます。この場合も日本の国外で消費する程度のもので、貿易ではない常識の範囲内として購入できる数量が限定されています。

輸入時に課される関税や酒税、たばこ税や消費税は、日本の国内において費消されるものに課税され、国外で費消されるものには日本には課税権がありません。

ちなみにどの程度税金が課されているか、たばこを例にみてみましょう。

こちらは財務省が公表している紙巻きたばこ１箱540円当たりの金額構成です。

特徴的なのは、たばこ540円当たりのたばこ税の占める割合が52.8％、消費税と合わせると61.8％にもなります。免税店では、これらのたばこ税と消費税が免除されるため、私たち消費者は半額程度で購入できることになります。

【令和２年10月現在の代表的な紙巻たばこ１箱540円当たりのたばこ税等の税額及び税負担割合】

本体価格	たばこ税 284.88円			
	国税		地方税	
206.03円	たばこ税 126.04円	たばこ特別税 16.4円	道府県たばこ税 20.00円	市町村たばこ税 122.44円

消費税
49.09円

（財務省ホームページ／「代表的な紙巻きたばこ１箱当たりのたばこ税等の税額及び税負担割合」を参考に作成）

ちょっと一服

たばこ税に対して消費税が課されています。

消費税は、たばこ税、酒税、揮発油税（ガソリン税）等に対しても課されています。

税金に対する税金とはどういうこと？

これに対する国税庁の説明は、たばこ税や酒税はメーカーが負担する税金で販売価格の一部を構成しているためということです。

No.6313 たばこ税、酒税などの個別消費税の取扱い

消費税の課税標準である課税資産の譲渡等の対価の額には、酒税、たばこ税、揮発油税、石油石炭税、石油ガス税などが含まれます。これは、酒税やたばこ税などの個別消費税は、メーカーなどが納税義務者となって負担する税金であり、その販売価額の一部を構成しているので、課税標準に含まれるとされているものです。

これに対して、入湯税、ゴルフ場利用税、軽油引取税などは、利用者などが納税義務者となっているものですから、その税額に相当する金額を請求書や領収証等で相手方に明らかにし、預り金又は立替金等の科目で経理するなど明確に区分している場合には、課税資産の譲渡等の対価の額には含まれないことになります。

なお、その税額に相当する金額を明確に区分していない場合には、対価の額に含まれることになります。

更にもうちょっと一服

沖縄に行くと那覇空港や郊外にDuty Freeのお店があります。

海外ではないのにと不思議に思ったことはありませんか？

特定免税店制度といい、沖縄振興特別措置法に基づく沖縄県限定の免税制度で、輸入時の関税が免除されています。たばこ税や酒税、消費税は免除されませんし、お酒の関税は廃止されているのであまり恩恵は感じられませんが、沖縄を訪問の際にはそういう目線で覗いてみてください。

2－2　消費税の基本

税大校本　消費税法（基礎編）令和３年度版　第Ｉ章第５節消費税のあらまし

⑵　消費税は消費者に転嫁

　消費税は、事業者の販売する物品やサービスの価格に上乗せされて、製造業者から卸売業者へ、卸売業者から小売業者へ、小売業者から消費者へと、順次先へ転嫁していくことを予定し、最終的には、全て消費者に転嫁され、消費者が物品やサービスの提供を受けることを通じて負担することを予定している税金である。

⑶　税の累積を排除

　消費税は、生産、流通の各段階で二重、三重に税が課されることのないよう、売上げに対する消費税額から仕入れ等に含まれている消費税額を控除し、税が累積しない前段階控除方式になっている。

下図の例でイメージを作りましょう。

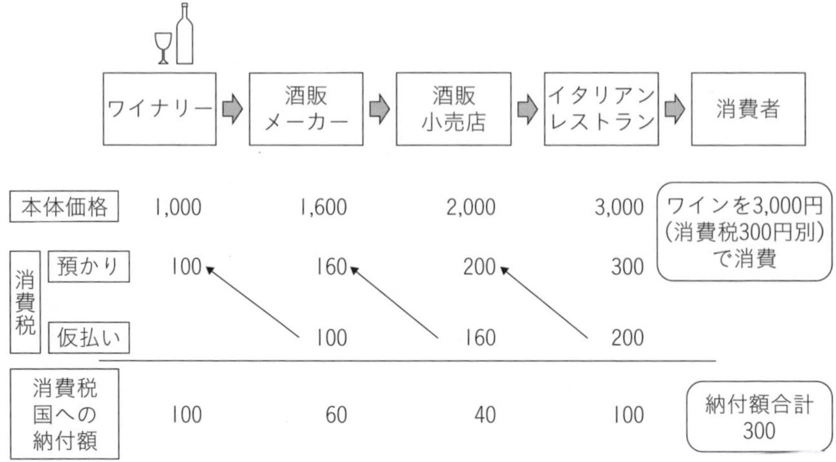

ワイナリーは酒販メーカーにワインを1,000円で販売し、酒販メーカーは酒販小売店に1,600円で販売します。

酒販小売店は酒販メーカーから1,600円で仕入れたワインをイタリアンレストランに2,000円で販売しています。

酒販小売店の消費税については、酒販メーカーに対して本体価格の10%である160円を支払い、販売したイタリアンレストランからは200円を預かります。その結果、酒販小売店の手元には差額の40円の消費税が残り、これを国に納めるのが基本です。これと同様に、

- 酒販メーカーはワイナリーに支払った消費税100円を、販売した酒販小売店から預かった160円から控除した差額の60円を国に納付
- イタリアンレストランは酒販小売店に支払った消費税200円を、販売した消費者から預かった300円から控除した差額の100円を国に納付

します。

前段階控除方式とは、各流通段階で預かった消費税から、その前段階で支払った消費税を控除して納付することをいいます。これにより消費者が負担した300円の消費税が、各流通段階で分割されて国へ納付されることになります。

2－3 消費税が発生する取引の定義

消費税の課税対象は、国内取引と輸入取引に限られ、国外で行われる取引は対象にはなりません。

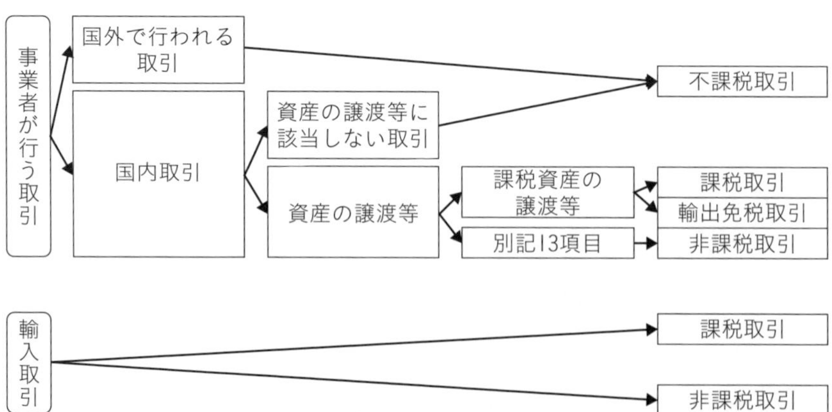

具体的には以下の４要件の全てを満たす取引です。

① **国内において**

② **事業者が事業として行う**

③ **資産の譲渡又は役務の提供について**

④ **支払われる対価**

それぞれの要件は難しい印象ではありませんが、具体的に考えると意外と判断に困ったりします。

2－3－1 国内において

「国内において」の基本的な考え方は、

・資産の譲渡又は資産の貸付けが行われる時において、その資産が所在する場所が日本国内にあるかどうか

・役務の提供が行われた場所が国内にあるかどうか

が判断根拠となります。

資産の所在、役務提供を行う者の所在場所等で判断するのが原則ですが、最近はインターネットを通じた情報やデータ、アプリなど物やサービスの所在地の特定が難しいものが増えています。そこで、消費税は電気通信利用役務という新たな括りを設け、リバースチャージ方式等の新しい考え方が導入されました。

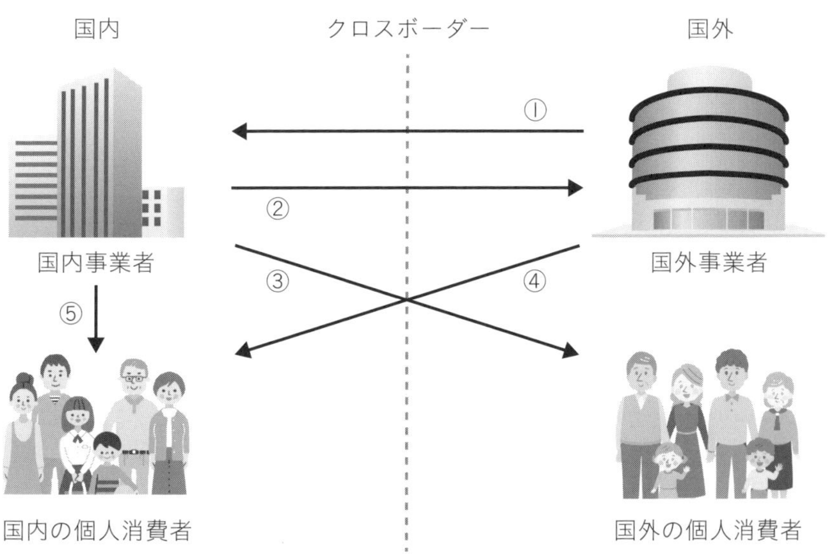

【内外判定の原則】

取引	内外判定	消　費　税	
①	国外取引	課税されない	不課税
②	国内取引	課税される	免税（一定要件あり）
③	国内取引	課税される	免税（一定要件あり）
④	国外取引	課税されない	不課税
⑤	国内取引	課税される	課税

2－3－2　事業者が事業として行う

「事業者が事業として行う」の基本的な考え方は国税庁が公表する消費税のあらまし（令和３年６月）に次のように説明されています。

> 事業者とは、法人及び個人事業者（事業を行う個人）。
> 事業とは、対価を得て行われる資産の譲渡等を反復、継続かつ独立して遂行することをいい、事業活動に付随して行われる取引（例えば事業用固定資産の譲渡等）も事業に含まれます。
> 法人が行う取引は全て「事業として」に該当します。個人事業者の場合は、事業者の立場と消費者の立場とを兼ねているため、事業者の立場で行う取引が「事業として」に該当し、消費者の立場で行う資産の譲渡等は「事業として」に該当しません。

したがって、個人や個人事業者が家財等の不用品をフリーマーケットやメルカリ、ヤフオク等で販売する行為は消費者の立場で行う取引であり、事業に当たらないため消費税の課税対象ではありません。

また、副業でビジネスを行う人やフリーランスという働き方を選択する人が増えています。取引する際、業務委託契約を締結するケースが多いと考えられますが、消費税の問題があります。

事業は「反復、継続かつ独立して遂行しているか」という視点で判断することになります。

2－3－3　支払われる対価

資産の譲渡又は役務の提供に対して得た対価に消費税が発生します。

単なる贈与や無償の取引、利益の配当、寄付金や宝くじの賞金等には消費税は発生しません。しかしながら例外として、代物弁済とみなし譲渡に対して消費税は発生します。

（1）　代物弁済

代物弁済は、借金を返済する代わりに資産を引き渡すため免除される債務が資産の売却価格と見なされ、消費税が発生します。

（2）　みなし譲渡

みなし譲渡は別名目で処理されているものが、消費税上は資産の譲渡に該当するとして消費税が発生するとされています。

みなし譲渡については、国税庁は２つのケースを説明しています。

１つめは、個人事業者が事業で販売している商品を自ら消費するケースや、知人に譲るケースです。

自家消費又は家事消費とも言われ、映画「マルサの女」で、納税漏れ事案の１つとして取り上げられています。どうせ捨てるものだから、という理屈は通じず、売上の計上漏れとなります。通常は消費又は使用した時の時価に対して消費税が課せられますが、①その資産の仕入れに要した以上の金額で、②販売価格のおおむね50％以上を対価として確定申告した時は、時価でなくともその対価で良いことになっています。

２つめは、法人が役員に対して資産を譲渡した場合です。法人税法上は役員賞与となり損金不算入ですが、消費税法上は譲渡時の時価に対して消費税が課せられます。

また、低額譲渡のケースでは、対価ではなく時価に対して消費税が発生します。

２－３－４　資産の譲渡等、役務の提供

（１）資産の譲渡

有形資産……棚卸資産、機械装置、建物など

無形資産……商標権、特許権など

（２）資産の貸付

賃貸借や消費貸借等の契約により、資産を他の者に貸付け、使用させる一切の行為をいいます。

（３）役務の提供

請負契約、委任契約、寄託契約などに基づいて労務、便益その他のサービスを提供することをいいます。

2－4 課税か非課税かの２択ではない消費税

消費税は、課税か非課税の２つではありません。

課税されないケースとして、輸出免税等、非課税、不課税の３種類があります。消費税が発生しないという意味では同じですが、性質が異なります。

「輸出免税等」は消費税の課税対象であるものの、輸出により日本国外で消費されるもの等をいいます。

自動車や電化製品等、日本国内で製造した製品を海外に輸出するようなケースがイメージしやすいかと思います。海外、すなわち非居住者に日本国内の消費税を負担させることはできないため、消費税は課されません。

「非課税」は消費税の課税要件を満たすものの、課税になじまないものや社会政策的配慮から課税しないと、法律上、限定列挙されているものです。

（課税になじまないもの）
土地、有価証券、金銭債権、郵便切手、印紙、商品券などの譲渡
住民票や戸籍抄本の交付等の行政サービス
外国為替

（社会政策的配慮によるもの）
医療、助産、介護、福祉
火葬、埋葬
入学金、授業料、教科書
住宅の貸付

「不課税」は課税対象外とも呼ばれ、消費税の課税対象ではない取引のことです。

すなわち、消費税課税要件である、

①　国内において

②　事業者が事業として行う

③　資産の譲渡又は役務の提供について

④　支払われる対価

のいずれかに該当しなければ、不課税となります。

例えば、宝くじの当せん金、競馬の配当金、保険金、損害賠償金等です。

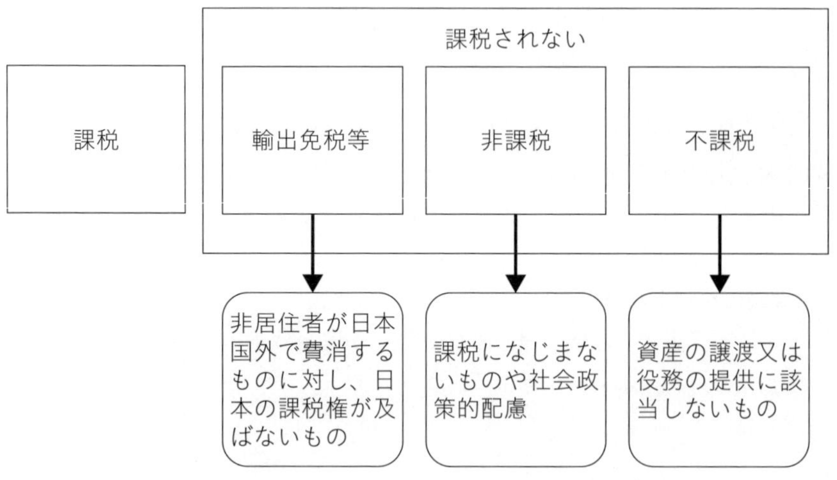

2－5 消費税の負担者と納税義務者

消費税は負担者と納税義務者が異なります。

負担者はモノの消費やサービスを享受する最終消費者です。

納税義務者は国内において資産の譲渡又は役務の提供を行った事業者です。

簡単な例でイメージをつかみましょう。

事業者である納税義務者は、負担者から預かった消費税150円と、仕入先等に支払った消費税100円との差額50円を国に納付します。

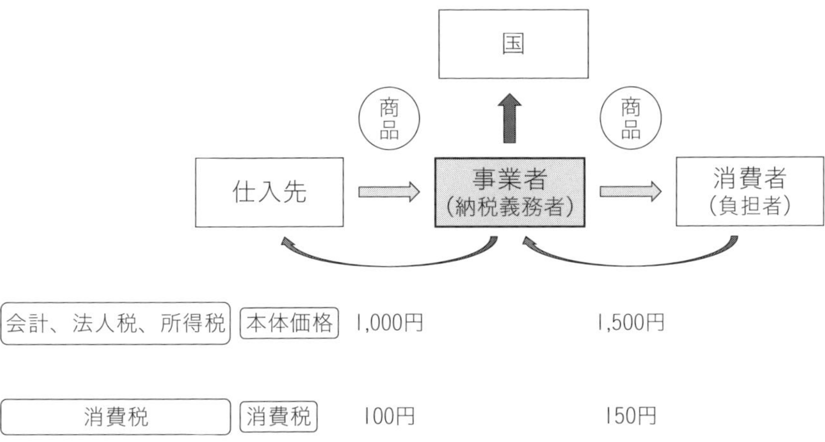

納税義務者は事業者です。法人や個人事業者で、人格のない社団等も含まれます。

また、国内に住所等を有しているか否かを問わず、非居住者や外国法人で一定期間日本国内に滞在している場合は、国内において課税の対象となる取引を行った場合は納税義務者となります。

なお、一定規模以下の納税義務者に対しては、消費者等から預かった消費税を国に納付する義務が免除されています。この納税義務が免除されている事業者を免税事業者といいます。

免税事業者であっても、課税事業者になることは可能です。「消費税課税事業者選択届出書」を所轄税務署長に提出した場合は、提出した日の属する事業年度の翌事業年度以後は課税事業者となり、預かった消費税を納めることになります。

課税事業者となった後でも、要件を満たしていれば免税事業者に戻ることが可能です。

「消費税課税事業者選択不適用届出書」を所轄税務署長に提出した場合は、提出した日の属する事業年度の翌事業年度から、消費税課税事業者選択届出書の効力は失われ、免税事業者に戻ることができます。

2－6 資産の譲渡等の時期

令和３年（2021年）４月より大企業等一定の規模以上の会社は、収益認識基準に関する会計基準が適用されています。

・契約を細分化し、役務提供が完了したものから順次収益計上

・仲介業務は、仲介手数料のみを収益計上（グロスからネットへ）

法人税は法人税法第22条の２が新設され、原則会計ルールと平仄を合わせることとなったため、会計と法人税の取扱いは基本同一です。

一方、消費税は収益認識基準に係る改正はされておらず、従来の基準をそのまま適用するということになりました。消費税の納税義務は、課税資産の譲渡等をした時が原則です（通則法15②七）。

したがって、収益認識基準に係る会計処理を検討する際、消費税はどうなるのかという判断も必要となります。消費税が定める資産の譲渡等の時期で、会計と異なる可能性がありそうなケースを列挙してみます。

①　請負による資産の譲渡等の時期（消基通９－１－５）

物の引渡しを要する請負契約	その目的物の全部を完成して相手方に引き渡した日
物の引渡しを要しない請負契約	その約した役務の全部を完了した日

②　不動産の仲介あっせんに係る譲渡等の時期（消基通９－１－10）

原則	売買等に係る契約の効力が発生した日
特例	資産の譲渡等の時期を継続して当該契約に係る取引の完了した日としている場合は、取引の完了した日（取引の完了した日前に実際に収受した金額があるときは、その金額を収受した日）も認める

③　技術役務の提供に係る資産の譲渡等の時期（消基通９－１－11）

原則	その約した役務の全部の提供を完了した日 一定の事実がある場合には、その支払を受けるべき報酬の額が確定した日にその確定した金額に係る役務の提供を行ったものとする
特例	役務の全部の提供が完了するまで又は１年を超える相当の期間が経過するまで支払を受けることができないこととされている部分については、完了する日と支払いを受ける日のいずれか早い日

3 消費税の仕組み

3－1 仕入税額控除

消費税は売上により預かった消費税（仮受消費税）から、仕入れの際に支払った消費税（仮払消費税）を相殺し、差額を国に納税する前段階税額控除方式を採用しています。

この仮受消費税と仮払消費税を相殺して納税額を算出することを「仕入税額控除」といいます。

例えば下図のケースでは、事業者は消費者から150円預かっていますが、仕入先に100円支払っているので手元にある差額の50円を国に納めます。

仕入先に支払った100円の消費税は、仕入先より前段階の取引において、同じように前段階の支払消費税を控除した差額が国に納められます。

すなわち、消費者が負担した消費税150円は事業者をはじめとするその商流の各段階で分解されて国に納付されます。

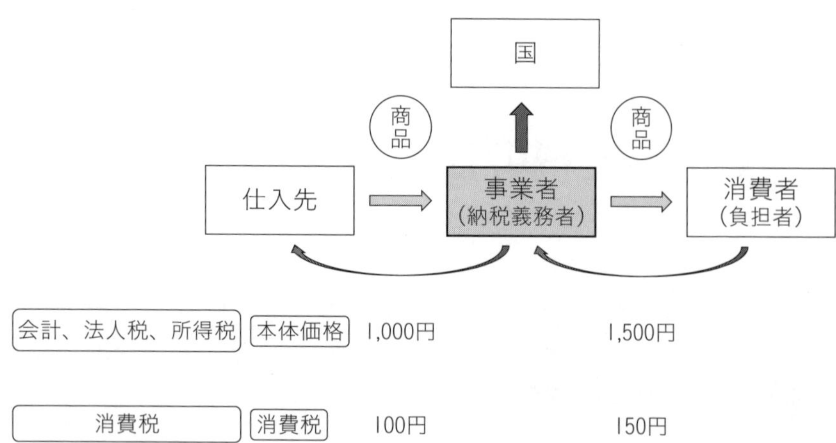
国
商品
商品
仕入先
事業者
（納税義務者）
消費者
（負担者）
会計、法人税、所得税
本体価格
1,000円
1,500円
消費税
消費税
100円
150円

3－2 課税売上割合

消費税は消費者が負担する税金です。

事業者は商流の途中に位置する場合もあれば、事業者自身が消費者になる場合もあります。

また、非課税売上対応の課税仕入れのように、売上に消費税が発生していないのに、仕入れに係る消費税がある場合もあります。

消費税ではこれらを調整するルールとして、課税売上割合という制度が設けられています。

分子と分母の違いは、非課税売上です。この非課税売上はどのようなケースが該当するのか考えてみます。

社宅を会社が契約して職員に貸与し、家賃の一部を負担するケースです。会社負担を超える部分は個人の負担となります。会社が職員から回収する部分は、住宅用家屋の貸付に係る売上に該当し、これは消費税上の非課税売上になります。

また、グループファイナンスでグループ間の資金融通するケースで受け取る利息も非課税売上となります。

また、有価証券の譲渡金額の5％相当額、土地の譲渡金額も非課税売上になります。

【課税売上割合】

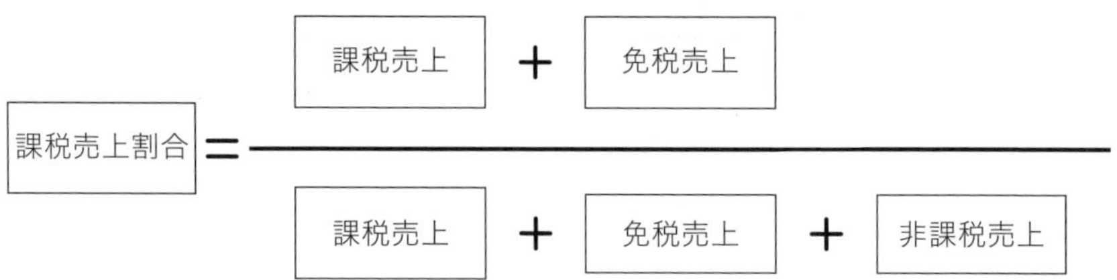

3－3 仕入控除税額の算定方法

事業者が支払う賃料、給水光熱費などから交際費、広告宣伝費、そして外注費に至るまでほとんどのものに消費税が発生します。

売上等で預かった消費税と相殺する仕入控除税額の算定方法は、事業規模等によって事業者が選択できます。

① 基準年度の売上高が5,000万円以下の事業者は、所轄税務署長に「消費税簡易課税選択届出書」を提出することで、簡易課税制度を選択することができます。

② 簡易課税制度を選択しない又は適用がない場合で、課税売上高が5億円以下かつ課税売上割合が95％以上の場合は、全額控除を選択することができます。

上記①、②のいずれにも該当しない場合は、個別対応方式又は一括比例配分方式を選択することになります。

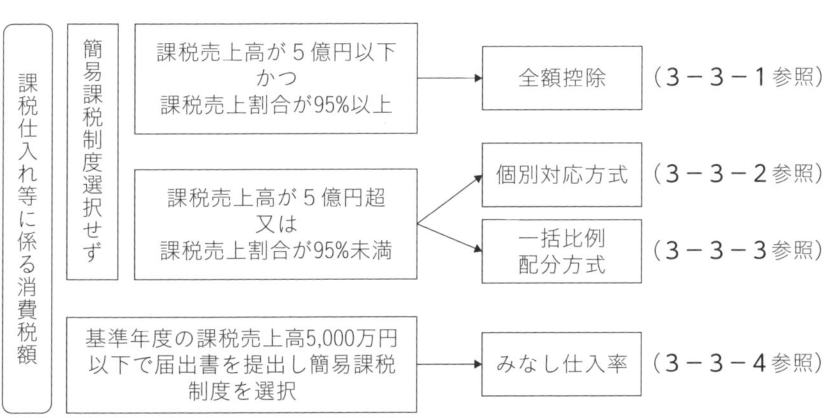

3－3－1　全額控除

仕入控除税額を算定する方法として、一定規模以下の事業者については、全額控除という優遇措置が認められています。

課税期間中の課税売上高が5億円以下、かつ、課税売上割合が95%以上の事業者については、事前届け出等することなく、仕入れに係る消費税額の全額が売上に係る預かり消費税と相殺することができます。

課税売上高が5,000万円以下であれば簡易課税制度（3－3－4参照）の選択も可能であり、どちらが有利かは事業者の状況によって異なります。

ただし、簡易課税制度の場合は、適用を受けようとする事業年度の前事業年度末までに届け出が必要になります（簡易課税制度の適用を止めようとするときも、適用を止めようとする事業年度の前事業年度末までに不適用の届出書を提出する必要があります。）。

3－3－2　個別対応方式

仕入控除税額を算定する方法として、個別対応方式があります。

ここでは、仕入れから売上までの全ての活動費用が、次の3種類の売上区分のうち、どの売上に紐付くものかどうかを考えることになります。

①　課税売上を獲得するための活動費用（課税資産の譲渡等を行うためにのみ必要な課税仕入れ等）

②　非課税売上を獲得するための活動費用（非課税となる資産の譲渡等を行うためにのみ必要な課税仕入れ等）

③　共通売上（課税売上と非課税売上に共通するもの）を獲得するため

の活動費用（①と②に共通して要する課税仕入れ等）

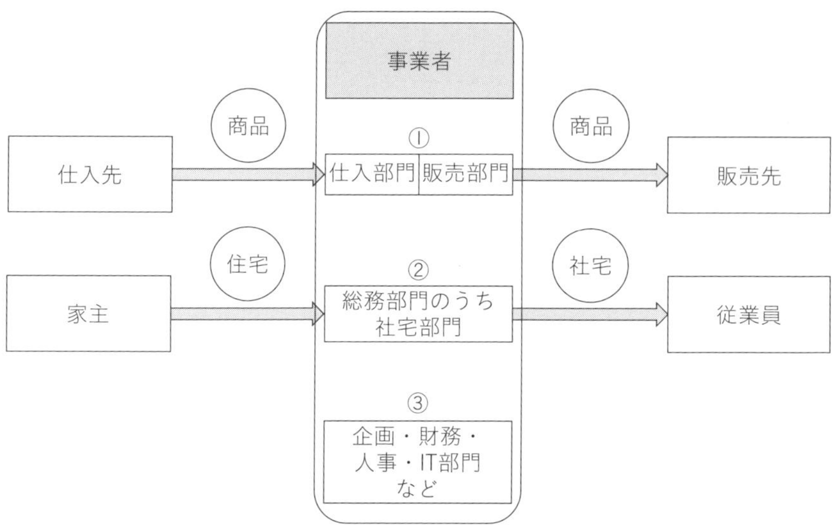

① 仕入部門の活動に係る消費税は、仕入商品を販売するという課税売上を獲得するために発生するものとなります。

② 社宅の賃料やグループファイナンスの利子など、非課税売上が発生する業務に携わる部門の活動に係る消費税は、非課税売上獲得のために発生するものとなります。

③ それ以外の間接部門の企画・財務・人事・IT 部門等の仕入れに係る消費税は、課税売上と非課税売上に共通するものを獲得するための活動費用に付随して発生するものとなります。

3－3－3 一括比例配分方式

仕入控除税額を算定する方法として、一括比例配分方式があります。前項3－3－2の個別対応方式のような売上の３種類と課税仕入の紐付けを省略した、簡易的な方式です。

有利不利を試算した上で、個別対応方式と一括比例配分方式を選択することは可能です。どちらを採用するかについての届け出義務はなく、申告書上で意思表示をするだけです。

ただし、一括比例配分方式を採用した場合は、最低2年間は継続して一括比例配分方式を採用しなければ、個別対応方式に戻すことができないルールになっています。有利不利の判断は当該事業年度だけでなく、2年間で判断するようにしてください。

3－3－4　簡易課税制度

仕入控除税額を算定する方法として、個別対応方式や一括比例配分方式がありますが、いずれも仮払消費税等の管理が必要になります。そこで、小規模事業者に対して設けられた更なる簡易的な方法が簡易課税制度であり、仮払消費税等を管理する必要はありません。

課税売上高が5,000万円以下の事業者が、所轄税務署長に消費税簡易課税制度選択届出書を提出した場合に適用される制度で、課税売上割合の代わりに、業種ごとに定められたみなし仕入率を用いることになります。

事業区分	みなし仕入率	該当する事業
第一種事業	90%	卸売業
第二種事業	80%	小売業
第三種事業	70%	農業、林業、漁業、鉱業、採石業、砂利採取業、建設業、製造業（製造小売業を含みます。）、電気業、ガス業、熱供給業及び水道業
第四種事業	60%	飲食サービス業等他のいずれにも該当しない事業
第五種事業	50%	運輸通信業、金融・保険業、サービス業
第六種事業	40%	不動産業

簡易課税制度は、仕入税額控除を簡易に算定する制度です。売上に係る仮受消費税に、業種ごとに設けられた一定割合（みなし仕入率）を乗じたものを仕入控除税額として、売上に係る仮受消費税と相殺します。

2種類以上の事業を行う場合は、それぞれのみなし仕入率を加重平均するなどして適用されます。

一旦、簡易課税制度を選択した事業者が取り止める場合は、消費税簡易課税制度選択不適用届出書を提出する必要があります。この届出書を提出した日の属する事業年度の翌事業年度から取り止めることとなります。

3－4　クロスボーダーを跨ぐ役務提供と消費税

3－4－1　海外と取引する人は要注意！

海外との取引をする個人事業者又は法人のうち、その取引が電気通信利用役務、すなわちインターネットを介して行われる一定の取引に該当する場合は、特別ルールが適用されます。

【対象となる電気通信利用役務の具体例】

インターネットを通じて行われる以下の取引
・電子書籍、電子新聞、音楽、映像、ソフトウエア等の配信
・クラウド上のソフトウエアやデータベースの利用サービス
・クラウド上で顧客データを保存するサービス
・インターネット広告の配信、掲載
・ショッピングサイト、オークションサイトの利用
・宿泊予約、飲食店の予約サイト
・英会話教室等のスクール等
・電話・電子メールによる継続的コンサルティング

（電気通信回線（インターネット等）を介して行われる役務の提供（消基通５－８－３））

消費税は、資産の譲渡又は役務の提供の際の、資産の所在又は役務提供が行われた場所で国内か国外かを判断するのが基本です。

ところが、インターネットの発達によりサービスがクロスボーダー（国境）を簡単に越えるようになり、役務の提供がどこで行われたのかの判別が難しくなっています。

そこで、上記の取引について、消費税法上の国内か国外を判定する特別ルールが設けられました。特徴的なのは、役務の提供を受ける者の住所地等の所在で判断する点です。

3－4－2　内外判定の特別ルール

このルールはあくまで、インターネットでクロスボーダーを跨ぐ電気通信利用役務について適用される特別ルールです。

下図の①と④はこれまで消費税の課税対象ではありませんでしたが、この特別ルールにより消費税の課税対象になりました。

とはいえ国外の事業者に日本が消費税を課すことは課税権の問題等が発生します。

そこで、国外の事業者が国内の**事業者限定**で提供するケースを、リバースチャージ方式としました。

また、国外の事業者が国内の**事業者に限定せずに**提供するケースを、国外事業者申告納税方式としました。

すなわち、事業者限定（①のみ）か、消費者をはじめとする事業者以外の者が含まれる可能性がある（①又は④）かという違いです。

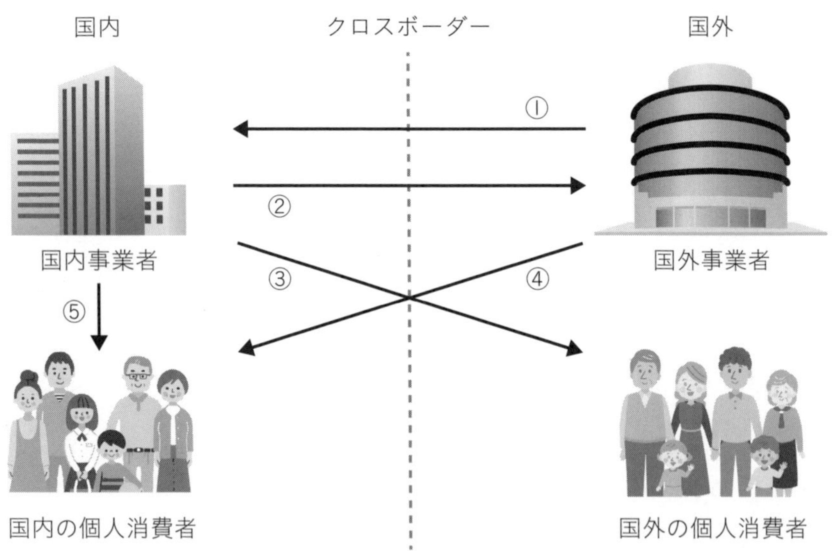

取引	内外判定	消　費　税	
①	国**内**取引	課税される	**課税**
②	国外取引	課税されない	不課税
③	国外取引	課税されない	不課税
④	国**内**取引	課税される	**課税**
⑤	国内取引	課税される	課税

3－4－3　リバースチャージ方式

国外事業者が、国内の事業者限定でインターネットを通じてクロスボーダーを跨ぐ電気通信利用役務の提供を行う場合（上記３－４－２図表①のみに該当）、国外事業者からその役務の提供を受けた国内事業者が、その役務の提供に係る消費税について申告・納税を行うこととされました。

これをリバースチャージ方式といいます。

国内事業者は日本に拠点のない国外事業者に日本の消費税を支払うことはできません。そもそも請求されていないことが考えられます。

そこで、リバースチャージ方式では、国内事業者が国内事業者自身に消費税を支払うことにしました。

どのような仕組みになっているか仕訳で考えてみましょう。

例えば、国外事業者にインターネット広告を依頼して1,000ドル（為替レート105円／ドル）支払ったとします。消費税率は10%です。

（借）広告宣伝費	105,000	（貸）現金預金	105,000
（借）仮払消費税	10,500	（貸）仮受消費税	10,500

仮払消費税と仮受消費税を両建てで計上します。

サービスの提供を受けた国内事業者が消費税を支払うのは普通のことのため、仮払消費税は違和感ありませんが、問題は仮受消費税です。消費税の納税義務のない国外事業者に支払う代わりに、国内事業者が自分で預かることになります。

このケースで国内事業者が注意すべき点は、P/L科目に紐付かない仮受消費税が出てくることです。

これまで、資産の取得に伴って支払う消費税は、B/S科目に係る仮払消費税として存在しました。仮受消費税ではほとんどないケースなので注意しましょう。

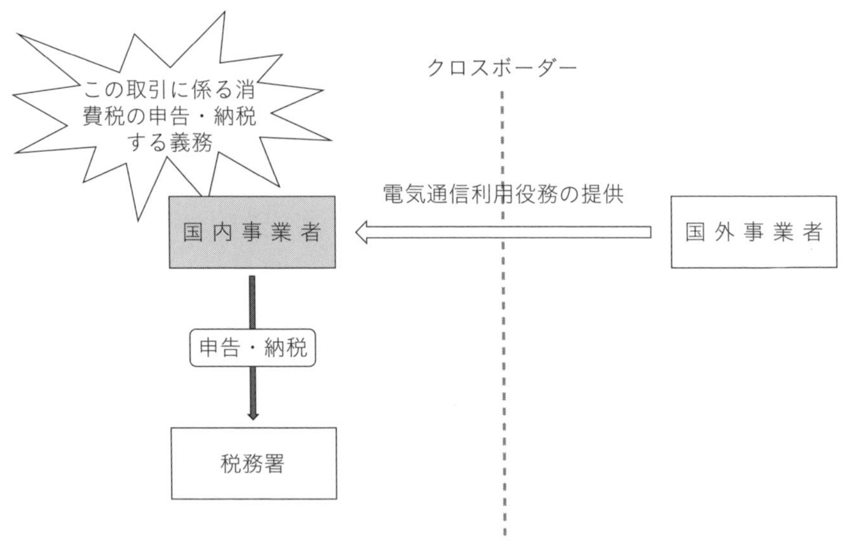

3－4－4　国外事業者申告納税方式

国外事業者が、国内の消費者を含む事業者に対してインターネットを通じてクロスボーダーを跨ぐ電気通信利用役務の提供を行う場合（上記3－4－2図表①又は④に該当）、国外事業者に、その役務の提供に係る消費税について申告・納税の義務を課すことになりました。

これを、国外事業者申告納税方式といいます。

これに該当する国外事業者は、国税庁長官の登録を受け、登録国外事業者になる必要があります。

例えば、広く消費者を対象に提供されている電子書籍、音楽、映像の配信等のほか、ホームページ等で事業者向けに販売することとしていても、事業者を含む消費者から申込みがあった場合、その申込みを制限することなく販売するようなケースが該当します。

とはいえ、日本の税務署が日本に拠点のない国外事業者に申告・納税義務を課すことについては、どの程度実効性があるのか不明です。

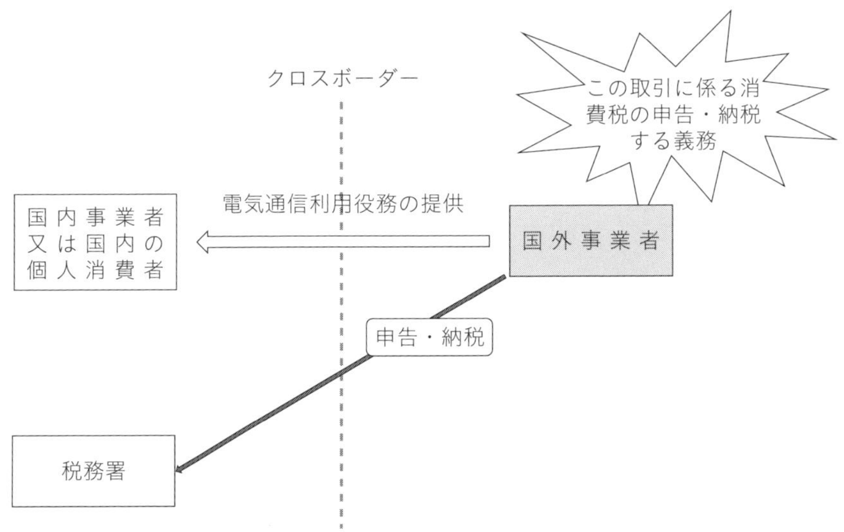

3－4－5　インボイス制度との関係

リバースチャージ方式及び国外事業者申告納税方式が、今回のインボイス制度の導入によりどのような取扱いになるかはまだ公表されていません。

リバースチャージ方式では、国外事業者からの請求書、領収書等には登録番号や消費税の記載がありません。また、国外事業者申告納税方式では、国外事業者が登録事業者となり、インボイスの要件を満たす請求書を発行する必要があります。

これらのインボイス制度導入後の取扱いについては、今後の国税庁の説明に注意する必要があります。

3－5　非居住者と消費税

海外旅行者等の非居住者（日本の国内に住所又は居所を有する者以外）が、日本国内で受けた役務の提供に対しては、消費税が課されます。

これは国内で費消される資産の譲渡又は役務の提供に該当するためです。

国税庁タックスアンサー

No.6567　非居住者に対する役務の提供

非居住者に対する役務の提供は一般的には輸出免税の規定が適用され、消費税が免除されます。しかし、非居住者に対する役務の提供であっても、次のものは消費税が免除されません。

(1)　国内に所在する資産の運送や保管

(2)　国内における宿泊や飲食

(3)　(1)及び(2)に準ずるもので、国内において直接便益を受けるもの

例えば、国内に所在する建物などの管理や修繕、理容又は美容、医療又は療養、鉄道やバスなどによる旅客の運送、劇場や映画館などにおける観劇などの役務の提供、国内間の電話や郵便、非課税とされていない日本語学校やビジネス学校などにおける語学教育やビジネス研修などは免税の対象から除かれています。

なお、輸出免税の適用を受けるためには、輸出証明書等を用意するか、一定の事項を記載した帳簿又は書類を保管する必要があります。海外旅行者等の非居住者向けに商売しているという理由だけで、消費税は不要とはなりません。

3－6 事業者の負担となる消費税

消費税は最終消費者が負担者となる税金のため、事業者が負担した消費税は全て仮受消費税との相殺対象になりそうですが、中には事業者自身が最終消費者となっている部分もあります。

また、非課税売上を獲得するために要した課税仕入れについては、売上に係る消費税は発生しない一方で、その売上を獲得するための活動に係る費用に対し発生した消費税について、そのまま相殺を認めてしまうとマイナスとなり、消費税の還付を受けることになります。

このような事象を調整するルールとして、課税売上割合というルールがあります。

仮払消費税に課税売上割合を乗じたものが、仮受消費税と相殺可能なものとされました。

その結果、「１－課税売上割合」を乗じたものが事業者の負担となり経費に計上されます。

具体例で考えてみます。

【前提条件】
・売上に係る仮受消費税300（うち課税売上（A）200、非課税売上（B）0、共通売上（C）100）
・仕入れに係る仮払消費税70（うち課税売上対応（a）40、非課税売上対応（b）10、共通売上対応（c）20）
・課税売上割合95%、みなし仕入率50%

【売上と仕入れに係る消費税の対比】

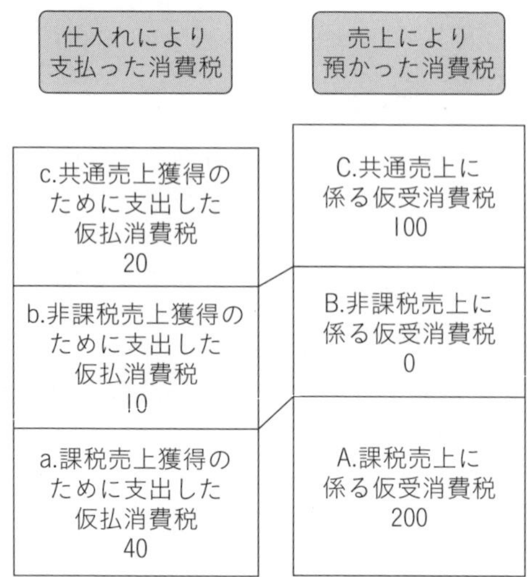

（1） 全額控除

①　仕入控除税額

売上に紐付ける必要はなく、全額が対象となります。

仮払消費税70

②　納付税額

売上で預かった消費税から、上記①で算定した仕入控除税額を相殺したものが国への納付額となります。

仮受消費税 300 －①仕入控除税額 70 ＝ 230

③ 手元預かり額

事業者の手元には売上で預かった消費税から、仕入れで支払った消費税の差額が存在します。

仮受消費税 300 －仮払消費税 70 ＝ 230

④ P/L 計上額

③の手元預かり額から②の納付税額の差額が事業者の負担又は収入となります。

③－②＝ 0

（2） 個別対応方式

① 仕入控除税額

売上に対応する仕入れとして支払った消費税を紐付けます。

紐付け	仮払消費税	
A-a	40	課税売上獲得のため全額が対象
B-b	0	非課税売上獲得のため対象外
C-c	20×95％ =19	共通売上獲得のため、課税売上割合分を計上
計	59	

② 納付税額

仮受消費税 300 －①仕入控除税額 59 ＝ 241

③ 手元預かり額

仮受消費税 300 －仮払消費税 70 ＝ 230

④　P/L 計上額

③－②＝▲ 11（経費）

（3）一括比例配分方式

①　仕入控除税額

売上に紐付ける必要はなく、仕入れに係る消費税に対して課税売上割合を乗じたものとなります。

仮払消費税 70 × 95％ = 66.5

②　納付税額

仮受消費税 300 －①仕入控除税額 66.5 = 233.5

③　手元預かり額

仮受消費税 300 －仮払消費税 70 = 230

④　P/L 計上額

③－②＝▲ 3.5（経費）

（4）簡易課税方式

①　仕入控除税額

仕入れに係る消費税は一切関係なく、売上で預かった消費税にみなし仕入率を乗じたものとなります。

仮受消費税 300 × 50％ = 150

②　納付税額

仮受消費税 300 －①仕入控除税額 150 = 150

③　手元預かり額

仮受消費税 300 －仮払消費税 70 = 230

④ P/L 計上額

③－②＝80（雑収入）

（5） 免税事業者

① 仕入控除税額

納税義務が免除されていますので、ゼロです。

② 納付税額

同様にゼロです。

③ 手元預かり額

仮受消費税 300 －仮払消費税 70 ＝ 230

④ P/L 計上額

③－②＝230（雑収入）

コラム

丼拓（どんたく）八重洲店は柔麺の博多うどんを手軽に味わえる名店だったが、2021年4月に惜しまれつつ閉店。同年5月からは本店の藤沢のみで提供開始される旨の案内を見ながら、店前でたたずむ二人。

大鳥課長：行きつけの店がまた一つ減ってしまった。

貴船くん：同じうどんでも店によって味が違うので、残念ですね。

大鳥課長：違うといえば消費税も会社や選択する方法によって答えが異なるしな。

貴船くん：消費税も有利・不利を検討した上で選択できると良いのですが。

大鳥課長：消費税は結果をみて選択できるものと、事前に届け出をしないと選択できないものがあるからな。

貴船くん：有利不利はどうすれば事前に分かるのでしょうか。

大鳥課長：預かった消費税と支払った消費税は、1年間の事業活動の結果であり、これを予測するのは正直難しい。特に事前届け出が必要な場合、前年度の中間決算か前々年度の申告実績が基礎として、予測するしかないかな。

貴船くん：そんなに大変なんですか！？

大鳥課長：更に課税売上割合という要素も必要になる。これは有価証券や土地の譲渡等があった時に大きく変わるから注意が必要だよ。

貴船くん：私には無理ですね。

大鳥課長：貴船くんなら大丈夫。一つずつチャレンジしていこう。

第Ⅳ編

消費税の仕入税額控除制度における適格請求書等保存方式に関するQ＆A

押さえておきたいポイント

国税庁は「消費税の仕入税額控除制度における適格請求書等保存方式に関するQ&A」を公表し、より具体的な事例でインボイス制度を説明しています。令和3年（2021年）7月改訂版では96問となっており、全てを読むのは大変です。企業実務の観点から押さえておきたいQ&Aを抜粋してポイントのみ記載しました。気になったものがあれば、Q&Aの原文を確認してください。

登録に係る経過措置

問7　登録申請書の提出期限

【答】

✓　インボイス制度がスタートする令和5年（2023年）10月1日から登録を受ける場合は、令和3年（2021年）10月1日から令和5年3月31日までに登録申請書を納税地の所轄税務署長へ提出。

✓　令和5年3月31日までに登録申請書を提出できなかったことにつき困難な事情がある場合、令和5年9月30日までの間に登録申請書にその困難な事情を記載して提出し、所轄税務署長が認めたときは、令和5年10月1日に登録を受けたことと見なされる。

✓　困難な事情の困難度は問わない。

免税事業者がインボイス制度スタート時点から登録を受ける場合

問８　免税事業者が令和５年（2023年）10月１日の属する課税期間中に登録を受けるための場合

【答】

✓　免税事業者が適格請求書発行事業者の登録を受け、インボイスを発行できるようになるためには、消費税課税選択届出書を提出し、課税事業者となる必要がある。

✓　令和５年10月１日の属する課税期間中に登録を受けたい場合、登録日（令和５年10月１日より前に登録の通知を受けた場合でも登録の効力は令和５年10月１日）から課税事業者となる経過措置がある。

✓　この経過措置の適用を受けるためには、令和５年３月31日までに登録申請書のみを提出。この場合、消費税課税選択届出書の提出は省略され、令和５年10月１日から課税事業者としてインボイスを発行することが可能になる。

登録申請書提出期限
2023/3/31
※消費税課税選択届
出書の提出は不要

2023年10月１日以降の取引に係る
消費税について、納税義務が発生

登録番号の構成

問 19　登録番号の構成

【答】

✓　法人は法人番号の前にＴ（アルファベット大文字）を付したもの。

✓　個人事業者はＴ（アルファベット大文字）と別途発番される 13 桁の数字（マイナンバー（個人番号）ではない）。

インボイスの交付義務

問 23　適格請求書発行事業者に課されるインボイスの交付義務

【答】

✓　資産の譲渡等を行った場合に、相手方（課税事業者に限る。）からの求めに応じてインボイスを交付する義務がある。

✓　事業の性質上、インボイスの交付義務が免除される主なケース。

①　３万円未満の公共交通機関（船舶、バス又は鉄道）による旅客の運送

②　３万円未満の自動販売機及び自動サービス機により行われる商品の販売等（飲食料品販売、コインロッカー、コインランドリー等、機械装置のみで取引が完結するもの。セルフレジ等は該当しない）

③　郵便切手類のみを対価とする郵便・貨物サービス（郵便ポストに差し出されたものに限る）

インボイスの様式

問 25・26　適格請求書の様式

【答】

✓　インボイスの様式は法令等で定められておらず、必要な記載項目が決まっているのみ。

✓　一枚の請求書等に全て記載されていても、複数の証憑（請求書、納品書、領収書、レシート、契約書等）に分けて記載されていてもインボイスと認められる。

✓　手書きの領収書でも必要な記載項目が網羅されていればインボイスと認められる。

公共交通機関特例

問 33・34　公共交通機関の定義及び 3 万円未満の判定基準

【答】

✓　船舶、バス、鉄道が対象で、航空機は含まれない。

✓　1 回の取引の税込み金額で判定する。1 商品（切符 1 枚）や、1 か月分をまとめた金額ではない。

✓　東京～新大阪の新幹線片道 13,000 円の切符を 4 人分をまとめて購入した場合は、合計の 52,000 円で判定する。

屋号等による記載

問 44　請求書を交付する際に用いる屋号はインボイスでも認められるか

【答】

✓　現行と同様、インボイスについても請求書に電話番号を記載するなどして、請求書を交付する事業者として特定できる場合、屋号や省略した名称等の記載でもインボイスとして認められる。

端数処理

問 46　端数処理のルール

【答】

✓　1枚のインボイスにつき、税率ごとの合計額に対し端数処理は1回のみ。

✓　切上げ、切捨て、四捨五入等の端数処理方法は任意。

適格請求書と適格返還請求書を一の書類で交付

問 51　取引先との間で販売奨励金に係る契約を締結し、販売奨励金の精算を、当月分の請求書で前月分の販売奨励金を調整している場合

【答】

✓　販売奨励金は対価の返還等に該当するため、以下の書類の交付が必要。

①　売上については適格請求書

②　対価の返還等については適格返還請求書

✓　1枚の書類に①と②の必要な項目を記載して交付することも可能。

✓　その場合、①と②を相殺した金額及びその消費税額等を記載することも、継続性があればOK（ただし、端数処理は1回のみ）。

販売奨励金

問52　販売奨励金の精算を商品の販売と別のタイミングで行う場合

【答】

✓　値引き、販売奨励金等売上に係る対価の返還等については、適格返還請求書を交付する。

電子メールでの送付

問53　紙ではなく、電子メールで請求書に係る電磁的記録を送っている場合

【答】

✓　インボイスの要件を満たす請求書を作成して送付することは可能。

インボイス制度導入前の請求書等

問60　インボイス制度導入前（2023年9月30日以前）に登録番号等を記載する場合

【答】

✓　記載があっても問題ない（現状の区分記載請求書等保存方式の要件を

満たしていることが前提)。

提供されたインボイスに係る電磁的記録の書面保管

問66　請求書を電子データで受け取っている場合、出力して保存することで良いか

【答】

✓　提供を受けた適格請求書データを整然とした形式及び明瞭な状態で出力した書面を保存することで仕入税額控除の適用に係る請求書等の保存要件を満たす。

✓　令和３年度の税制改正により電子帳簿保存法において、所得税及び法人税の保存義務者については、令和４年１月１日以後行う電子取引に係る電磁的記録を書面で保存することは認められないことになった。

仕入明細書

問67　買い手側が仕入先への代金の支払いに際し、仕入明細書を作成して仕入先の確認を受け、保存している場合のインボイス制度上の取扱い

【答】

✓　インボイスの記載要件を満たす仕入明細書等で、相手方の確認を受けたものは、買い手側が作成したものでもインボイスと認められる。

立替金（立替経費含む）

問 75　立替者に経費を立て替えてもらう場合のインボイスの取扱い

【答】

✓　購入者（A1 社、A2 社、A3 社）は、次の証憑が必要。

①　立替者（B 社）が仕入先（C 社）から受領した C 社インボイスの写し

②　立替者（B 社）が作成する立替金精算書

✓　大量のコピーになる等①の準備が困難な場合は、①の保存を省略することが可能。

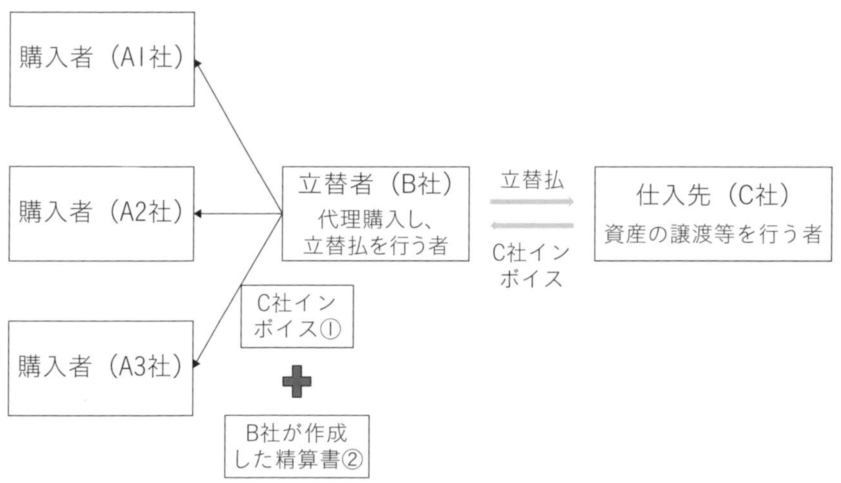

口座振替・振込による家賃の支払い

問 76　不動産賃貸契約書に基づき家賃を口座振替にて支払い、請求書や領収書の交付を受けていない場合のインボイスの取扱い

【答】

✓　契約書に基づき代金決済が行われ、取引の都度、請求書や領収書が交付されない取引であっても、仕入税額控除を受けるためには、原則としてインボイスの保存が必要。

✓　インボイスは一定期間分をまとめて交付することが可能。

✓　契約書等にインボイスの要件を満たす記載があり、通帳の記録など実際に取引を行った事実を客観的に示す書類とともに保存する方法も認められる。

電子インボイスによる保管

問 78　仕入先から、インボイスを電磁的記録で提供受けている際の電磁的記録の保存方法

【答】

✓　以下の措置を講じる必要がある。

(1)　①から④のいずれかの措置を行うこと

①　タイムスタンプが付されたインボイスを受領する。

②　受領者が、インボイスを受領後遅滞なくタイムスタンプを付し、その電磁的記録の保存を行う者又はその者を監督する者に関する情報を確認できる状態にする。

③　次のいずれかの要件を満たす電子計算機処理システムを使用して

インボイスを受領・保存する。

・訂正又は削除を行った事実及び内容を確認できること

・訂正又は削除することができないこと

④　正当な理由がない訂正及び削除の防止に関する事務処理の規程を定め、運用し、規程の備え付けを行う。

(2)　システム概要書の備付け

(3)　PC、ディスプレイ、プリンター並びにこれらの操作説明書の備付け

電磁的記録をディスプレイの画面及び書面に、整然とした形式及び明瞭な状態で速やかに出力できるような体制整備

(4)　検索機能の確保

・取引年月日その他の日付、取引金額その他の主要な記録項目を検索条件として設定

・日付又は金額に係る記録項目については、その範囲を指定して条件を設定することができること

・2以上の任意の記録項目を組み合わせて条件を設定できること

出張旅費、宿泊費、日当等

問82　社員に支給する国内の出張旅費、宿泊費、日当等のようにインボイスがない場合

【答】

✓　出張に通常必要であると認められる部分の金額については、一定の事項を記載した帳簿のみの保存で仕入税額控除が認められる。

✓　出張に通常必要であると認められる部分については、所得税法基本通達9－3に基づき判定。

通勤手当

問83　社員に支給する通勤手当等のようにインボイスがない場合

【答】

✓　通勤に通常必要と認められる部分の金額については、一定の事項を記載した帳簿のみの保存で仕入税額控除が認められる。

✓　通勤に通常必要と認められる部分については、通勤に通常必要と認められるものであり、所得税法施行令第20条の2において規定される非課税の限度額は関係ない。

帳簿に記載が必要な事項

問84　インボイス導入後、仕入税額控除の要件として必要な帳簿の記載事項

【答】

✓　課税仕入れの相手方の氏名又は名称

✓　課税仕入れを行った年月日

✓　課税仕入れに係る資産又は役務の内容

✓　課税仕入れに係る支払対価の額

インボイス省略の場合で、帳簿に記載が必要な事項

問85　インボイスの省略が認められている場合で、仕入税額控除の要件として必要な帳簿の記載事項

【答】

問84の項目に追加して、次の事項の記載が必要。

✓　帳簿のみの保存で仕入税額控除が認められるいずれかの仕入れに該当する旨。

①　3万円未満の公共交通機関……「3万円未満の鉄道料金」

②　入場券等が使用の際回収される取引……「入場券等」

✓　仕入の相手方の住所又は所在地。

・公共交通機関……その運送を行った者

・郵便役務の提供……その郵便役務を行った者

・出張旅費等……出張旅費等を受領した使用人

・その他……当該課税仕入れの相手方

免税事業者からの仕入れに係る経過措置

問86　免税事業者からの仕入れについて、インボイス導入後、一定期間は免税事業者からの仕入税額相当額の一定割合を控除できる経過措置を受けるための要件

【答】

✓　適格請求書発行事業者以外の者（消費者、免税事業者又は登録を受けていない課税事業者）からの課税仕入れが経過措置の対象。

✓　帳簿には、通常の記載事項に加え、例えば「80％控除対象」など、

経過措置の適用を受ける課税仕入れである旨の記載。

✓　請求書等は、現状と同様の記載事項が必要。

・書類の作成者の氏名又は名称

・課税資産の譲渡等を行った年月日

・課税資産の譲渡等に係る資産又は役務の内容

・税率毎に合計した税込み価額

・書類の交付を受ける当該事業者の氏名又は名称

コラム 京都銀閣寺近くの本家からのれん分けされたますたにラーメン日本橋本店。背脂鶏ガラ醤油で、あっさりの中に潜む鶏ガラのコクをしっかり味わいながら、苦労話に花が咲く２人。

大鳥課長：国税庁のＱ＆Ａはちゃんと読んだか。

貴船くん：プリントアウトしましたが、気合いが入らないです。ページ数も多く、言葉も難しくて。

大鳥課長：頑張って読むと自分の財産になるぞ。

貴船くん：課長はご経験あるんですか。

大鳥課長：一番きつかったのは金融商品会計実務指針だったな。

貴船くん：何ですか、それ？

大鳥課長：知らないのか！ちょうど2000年前後、会計ビッグバンと呼ばれた時だ。取得原価主義から時価主義に会計が切り替わった時の、会計上の考え方や取扱いが書いてあるんだ。

貴船くん：会計も担当されていたんですか！

大鳥課長：それまで取得原価主義で、評価は簿価が原則。時価なんてとんでもない、という企業会計原則や商法の流れで必死に勉強してきたのに、いきなり資産の評価は時価ですと言われてもな。しかもレポ取引が売買説から金融説に、とかキャッシュフローヘッジ、フェアバリューヘッジなど知らない言葉の羅列だった。

　一方、会社の人には会計処理を変えてもらわないとダメで、どう変えたらよいかを伝えるのは自分しかいなかった。泣きながら読んだ記憶があるよ。

貴船くん：課長もご苦労されたんですね…。

大鳥課長：その苦労があっての今だからな。貴船くんにもそのハードルを何とか乗り越えて欲しいんだ。

貴船くん：はーい、頑張ります。

大鳥課長：軽いな（苦笑）。最初からこのⅣ編を読んでズルしないように。

貴船くん：合点承知の助です。

特別付録

インボイスを
説明する
3つのポイント

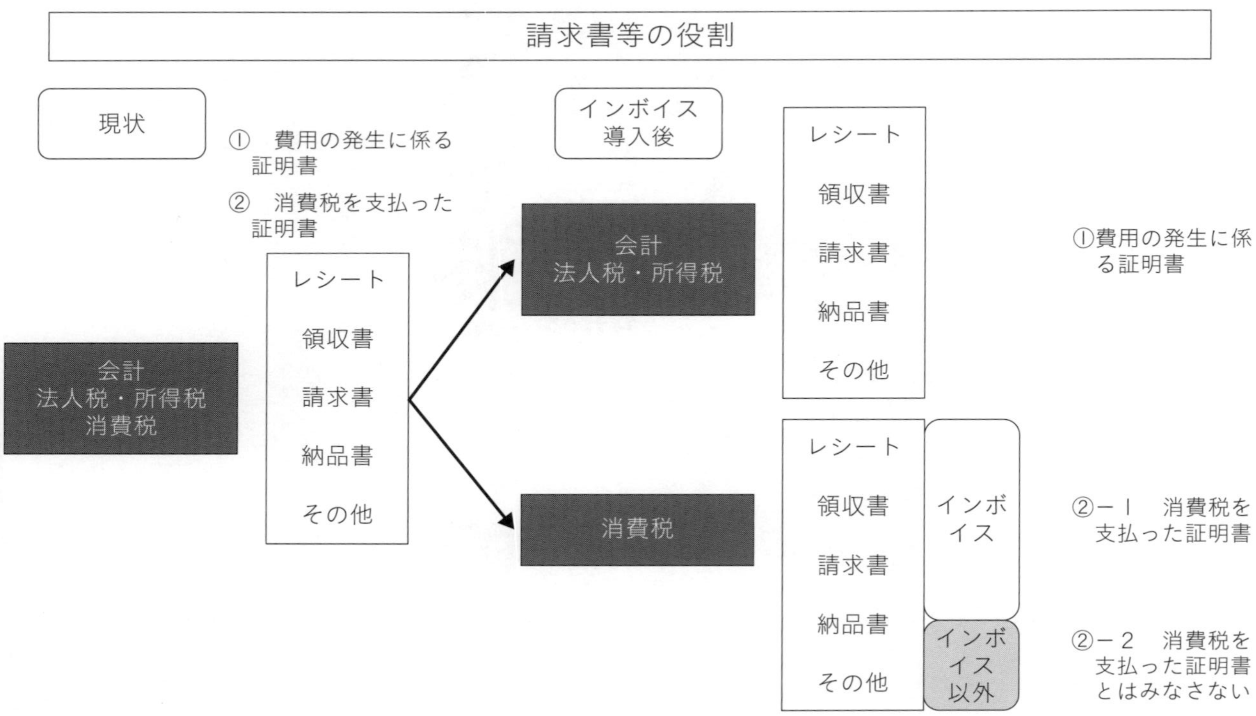
請求書等の役割
現状
① 費用の発生に係る証明書
② 消費税を支払った証明書
会計
法人税・所得税
消費税
レシート
領収書
請求書
納品書
その他
インボイス導入後
会計
法人税・所得税
消費税
レシート
領収書
請求書
納品書
その他
インボイス
インボイス以外
①費用の発生に係る証明書
②－１ 消費税を支払った証明書
②－２ 消費税を支払った証明書とはみなさない

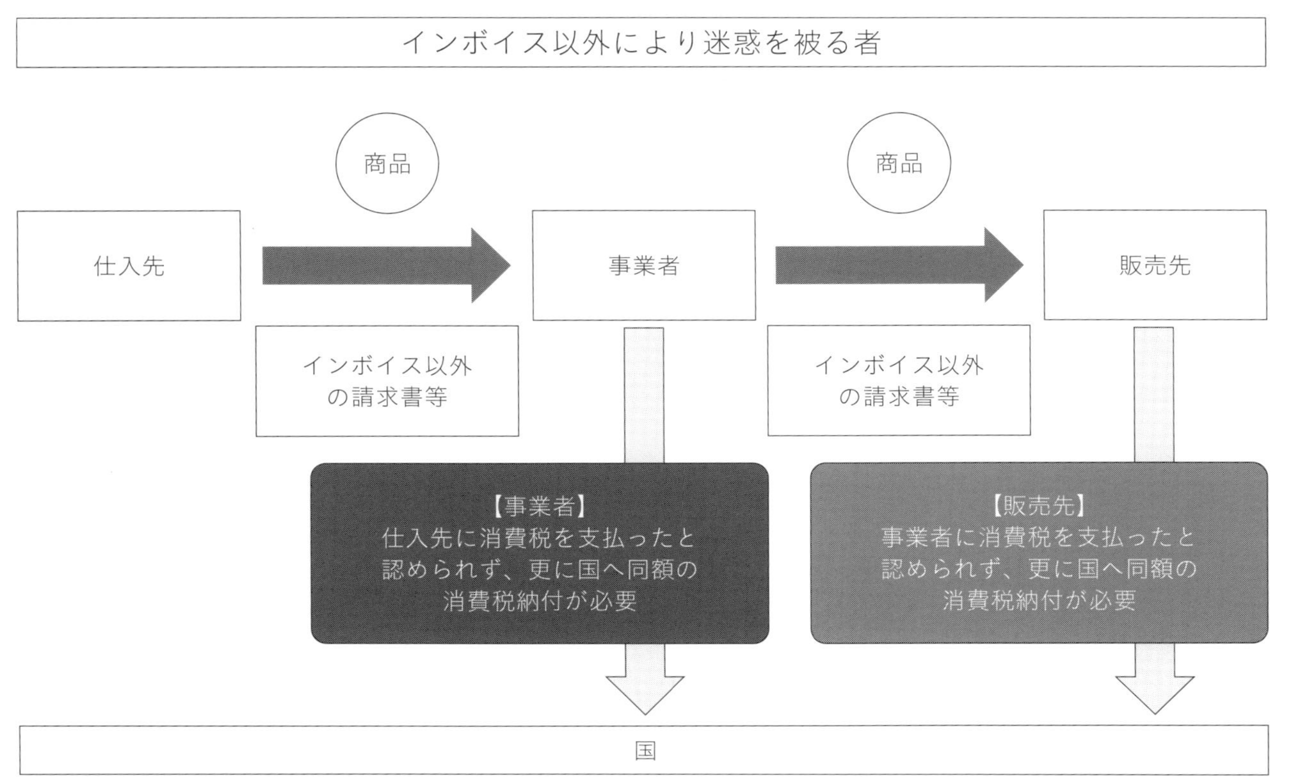
インボイス以外により迷惑を被る者
商品
商品
仕入先
事業者
販売先
インボイス以外の請求書等
インボイス以外の請求書等
【事業者】
仕入先に消費税を支払ったと認められず、更に国へ同額の消費税納付が必要
【販売先】
事業者に消費税を支払ったと認められず、更に国へ同額の消費税納付が必要
国

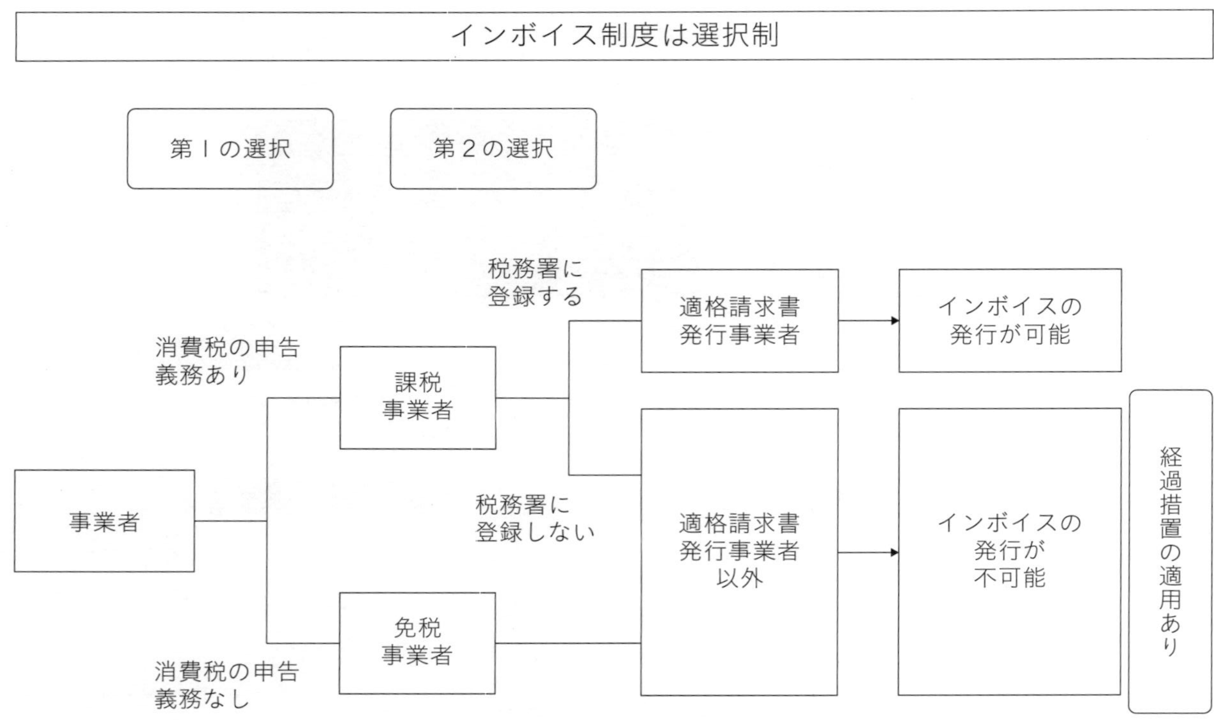
インボイス制度は選択制
第1の選択
第2の選択
事業者
消費税の申告義務あり
消費税の申告義務なし
課税事業者
免税事業者
税務署に登録する
税務署に登録しない
適格請求書発行事業者
適格請求書発行事業者以外
インボイスの発行が可能
インボイスの発行が不可能
経過措置の適用あり

おわりに

最後までお読みくださり、ありがとうございました。

みなさんはスタート地点に立ったところであり、これからゴールにたどり着くまでの道のりに、さまざまな苦労が待っていることでしょう。

税務担当者は孤独です。

その業務に陽が当たることは稀です。

税額計算は決算の最後に税金を計算するいわば締めの作業です。税効果が入り、大きくブレることは基本なく、どうしても周囲の関心は薄くなります。税務担当者が申告作業で悶絶している時に、周りは次の決算の準備をしています。

税務担当者には相談できる人がいません。自分以上に税務に精通している人が社内にいないからです。

税務担当者に質問する人は結論だけ求めます。Yes か No のみ分かればよく、そこに辿り着く過程には関心がありません。いわば氷山の見えている部分だけで良く、その回答に辿り着くための努力、氷山の下の努力に対して敬意は払われません。

税務担当者は会社の盾です。税務調査官との対峙は誰もが嫌がる役どころですが、税務担当者は逃げることができません。税務調査官から怒られて初めて事実を知り、絶句することもありますが、それでも必死にガードすべく努力します。

そんな中でも税務担当者は、税務のプロフェッショナルを目指し地道に努力しています。税務担当者のプライドです。

そんな税務担当者でも、どうにもできないことがあります。

今回のインボイス制度対応がまさにそうです。インボイス制度は、会社全体のタスクとして各部門と一緒に取り組まないと対応できない制度改正です。

この本は、税務担当者が歯を食いしばりながら、一歩ずつインボイス対応を前に進めるための道標でありたいという思いで執筆しました。令和５年（2023年）10月はシステム開発を考えると悠長なことは言っていられません。対応の成否は税務担当者の皆さんの双肩にかかっています！

みなさん、一緒に頑張りましょう。

令和３年９月吉日

金子　真一

<著者紹介>

金子　真一（かねこ　しんいち）

金子真一税理士事務所代表

合同会社ピナクル・コンサルティング代表

広島大学経済学部経済学科卒業後、1992年東洋信託銀行（現三菱UFJ信託銀行）に入社し、経理業務を中心に金融商品会計導入などを担当。2002年から住友信託銀行（現三井住友信託銀行）に移り主に税務業務を担当。税効果会計から消費税の適正化、連結納税の導入によるタックスプランニング、BEPS（国際税務）対応のほか、グループの税務ガバナンス構築等を担当。東京国税局、大阪国税局の税務調査対応は源泉税、印紙税や反面調査を含め2ケタに及ぶ。2019年10月東京都目黒区にて金子真一税理士事務所を開業。TKC会員。

現在、消費税インボイス制度への対応支援や経理システムを中心とした仕組み作り支援のほか、企業の税務人材育成に取り組む。

主な著書

税務QA（税務研究会発行）「アメリカ現地で生命保険へ加入する場合の効用と税務上の留意点」(2020年3月号)、「基礎から学ぶ「信託」制度」(2020年11月号)

全国地方銀行協会「金融取引における認知症高齢者支援の手引」(共著)

本書の内容に関するご質問は,FAX・メール等,文書で編集部宛にお願いいたします。ご照会に伴い記入していただく個人情報につきましては、回答など当社からの連絡以外の目的で利用することはございません。当社の「個人情報の取扱いについて」(https://www.zeiken.co.jp/privacy/personal.php)をご参照いただき、同意された上でご照会くださいますようお願い致します。

FAX：03-6777-3483

E-mail：books@zeiken.co.jp

なお、個別のご相談は受け付けておりません。

本書刊行後に追加・修正事項がある場合は、随時、当社のホームページにてお知らせいたします。

時間がない!? 消費税インボイス導入へのサクセスロード
～課題の整理とアプローチ～

令和3年10月29日 初版第一刷発行 (著者承認検印省略)
令和4年8月22日 初版第三刷発行

発行所 税務研究会出版局
https://www.zeiken.co.jp
週刊「税務通信」「経営財務」発行所
代表者 山根 毅
〒100-0005
東京都千代田区丸の内1-8-2 鉄鋼ビルディング

乱丁・落丁の場合は、お取替え致します。 印刷・製本 奥村印刷

ISBN978-4-7931-2639-0